制造业产融结合效率的评价、机制与效应

ZHIZAOYE
CHANRONG JIEHE XIAOLYU DE
PINGJIA, JIZHI YU XIAOYING

蒋天颖　著

中国财经出版传媒集团
经济科学出版社
Economic Science Press

图书在版编目（CIP）数据

制造业产融结合效率的评价、机制与效应／蒋天颖
著 . -- 北京：经济科学出版社，2022. 11
ISBN 978 - 7 - 5218 - 4173 - 2

Ⅰ . ①制…　Ⅱ . ①蒋…　Ⅲ . ①政府投资 - 合作 - 社会
资本 - 应用 - 制造工业 - 研究 - 浙江　Ⅳ . ①F426. 4

中国版本图书馆 CIP 数据核字（2022）第 204232 号

责任编辑：周胜婷
责任校对：孙　晨
责任印制：张佳裕

制造业产融结合效率的评价、机制与效应
蒋天颖　著
经济科学出版社出版、发行　新华书店经销
社址：北京市海淀区阜成路甲 28 号　邮编：100142
总编部电话：010 - 88191217　发行部电话：010 - 88191522
网址：www. esp. com. cn
电子邮箱：esp@ esp. com. cn
天猫网店：经济科学出版社旗舰店
网址：http：//jjkxcbs. tmall. com
固安华明印业有限公司印装
710 × 1000　16 开　18. 75 印张　220000 字
2022 年 12 月第 1 版　2022 年 12 月第 1 次印刷
ISBN 978 - 7 - 5218 - 4173 - 2　定价：93. 00 元
（图书出现印装问题，本社负责调换。电话：010 - 88191510）
（版权所有　侵权必究　打击盗版　举报热线：010 - 88191661
QQ：2242791300　营销中心电话：010 - 88191537
电子邮箱：dbts@ esp. com. cn）

本书是浙江省哲学社会科学规划重点项目"浙江省高科技制造业产融结合效率的影响机制研究"(21NDJC022Z)的研究成果

前　　言

实体经济是金融的根基，金融是实体经济的血脉，经济的高质量发展离不开产融结合协调发展。当前，我国经济正处于新旧动能转换，从高速增长向高质量增长转变的关键阶段，如何有效克服经济转型过程中面临的各种困难和挑战，实现国民经济的协调、可持续发展，对实体经济和金融都提出了新的要求。

产融结合是当前我国解决企业技术创新投入融资难、融资贵问题的一种方案。产融结合就是金融业和实体产业的协同发展，是指金融业和实体产业相互依存、互相配合，实现均衡、协调和可持续的共同发展。产融结合是促进我国经济高质量发展的必然需求，通过产融协同，有利于培育更多大型企业，有效促进实体经济发展，促进国民经济各行业协调健康发展，增加国家竞争力。

随着金融市场投资收益高企，制造业企业在全球范围内不断突破主营业务向金融领域渗透和扩张，产融结合程度不断加深。制造业企业产融结合程度应与自身研发投入水平及宏观金融发展相适应，选择合理产融结合水平，以达到提升研发投入目标，从而推动制造业企业产融结合、提升全要素生产率、实现经济高质量发展。

近年来，制造业产融结合相关问题已经得到相关学术界的广泛关注。国内外学者已有大量的关于制造业产融结合模式、影响因素、风险防范、发展对策等方面可以借鉴的成果。但总的来看，关于浙江省制造业产融结合方面还可以从更多角度进行研究。第一，浙江制造业产融结合效率的综合测度。这类文献较丰富，但相关研究均关注产融结合效率的内部影响因素，鲜见系统研究制造业产融结合效率评价的相关文献。本书拟基于投入产出视角，系统构建产融结合效率评价指标体系，采用 DEA 模型测度浙江制造业产融结合效率。第二，浙江制造业产融结合效率的区域特征。学者从不同视角分析制造业空间演化特征及发展趋势的文献较丰富，但鲜有从空间经济学视角对浙江制造业产融结合效率的相关研究。本书从浙江制造业产融结合效率总体区域特征、局部区域特征两方面揭示浙江制造业产融结合效率区域特征。第三，浙江制造业产融结合效率的影响因素。现有研究多数以上市公司、区域创新、企业参股金融等作为研究对象，从静态、局部视角开展研究，且大多成果集中在产融结合效率自身的影响因素。本书拟利用 SLM、SEM 和 SDM 模型进行空间计量分析，从微观（劳动分工）、中观（金融支持）、宏观（税收政策）3 个视角探究浙江制造业产融结合效率影响机制。第四，浙江制造业产融结合效率的经济和社会效应。本书拟从经济发展、社会福利两个视角探究浙江制造业产融结合效率的经济和社会效应。第五，浙江制造业产融结合效率的提升对策。本书拟从政府、金融机构、企业 3 个视角设计浙江制造业产融结合效率的提升对策。

本书共分为 10 个章节。第 1 章是绪论，主要介绍了本书的研究背景及意义。第2章重点分析了产融结合文献综述，运用 CiteSpace 可视化计量软件，从发文数量、国家、作者和关键词等多维度展开可视化分析，梳理和分析国内外产融结合研究的发展脉络。第3章介绍了产融结合的发展历程以及主要模式，揭示了产融结合的动因以及影响因素理论，并以美国、日本、德国等发达国家为例，介绍了产融结合的特点与启示，最后阐述了产融结合的效应理论和风险管理。第4章以浙江省四家制造业企业为案例，揭示浙江制造业企业推进产融结合的实践与探索情况。第5章主要分析了产融结合效率测度及区域特征，重点介绍了产融结合效率测度方法、测度指标、描述性统计、单位根检验、产融结合效率测度结果、空间相关性等。第6章主要分析了劳动分工、经营成本与产融结合效率，重点梳理了劳动分工对产融结合效率的影响机制、实证检验、机制研究、异质性分析等。第7章主要分析了金融支持、企业融资约束与产融结合效率，重点梳理了相关的实证检验、机制研究、异质性分析等。第8章主要分析了税收政策、企业创新与产融结合效率，运用了实证检验、中介效应模型等方式。第9章主要分析了产融结合效率的经济效应，重点梳理了产融结合效率对经济增长和社会福利的影响机制，实证检验了经济效应和社会效应。第10章从政府、金融机构、企业三个方面探索提升制造业产融结合效率的对策建议。

本书是浙江省哲学社会科学规划重点项目"浙江省高科技制造业产融结合效率的影响机制研究"（21NDJC022Z）的研究成果，全书由蒋天颖负责出版策划、组织和统撰工作。感谢宁波财经学院的领导、同事以及谢子远教授对出版本书的支持和帮助。同时，感谢宁波财经学院国际商务硕士培育点和宁波财经学院应用经济学省一流学科及宁波市重点学科的出版资助。还要由衷感谢经济科学出版社及其专业团队为本书出版所付出的大量心血和努力，他们精心、细致、高效的工作保证了本书的顺利出版。

尽管笔者对自己撰写的内容进行了认真思考和深入研究，但是，由于目前制造业产融结合效率的研究还处于起步阶段，面临众多新问题，再加上编写时间仓促，难免存在不足之处，敬请各位读者批评指正。

蒋天颖

2022 年 9 月

目录

第1章 绪 论 →

1.1 研究背景、目标及意义

1.1.1 研究背景

在世界五百强企业中，80%以上的企业有效地推进了产业资本与金融资本的结合①。党的十九大报告指出，要深化金融体制改革，增强金融服务实体经济能力。2018年7月，中央政治局会议再次强调，要通过机制创新，提高金融服务实体经济的能力和意愿②。世界和中国经济发展的历史经验都表明，产融结合得好，经济发展才会平稳，结构才会健康，金融风险才会降低；产融结合不好，金融脱实向虚、自我循环，则经济发展艰难，产业结构失衡，金融风险也会增高，甚至直接威胁社会财富的形成和增长，扰乱经济社会生活秩序，危及国家长治久安。

产融结合就是金融业和实体产业的协同发展，是指金融业和实体产业相互依存、互相配合，实现均衡、协调和可持续的共同发展。在宏观层面，产融结合表现为国民经济产业结构中，金融部门和实体经济部门所占比重适当、发展均衡；在中观层面，表现为实体经济行业和金融行业相互了解，相互支持，相互依存，最终促进以制造业为核心的实体经济和

---

① 中航证券首席经济学家董忠云：世界500强企业约八成都是通过产融结合实现腾飞 [EB/OL]. (2020-08-23). https：//finance. sina. com. cn/roll/2020-08-23/doc-iivhuipp 0229453. shtml.

② 新华社：从政治局会议看下半年中国经济六大信号 [EB/OL]. (2018-07-31). https：//baijiahao. baidu. com/s? id=1607520572878120861&wfr=spider&for=pc.

金融业共同健康发展；在微观层面，表现为金融机构和实体经济企业的紧密合作，形成利益共同体，实现产业资本与金融资本深度融合。产融结合是产融协同的重要实现形式之一，在经济全球化、信息技术革命、全球资源整合加速的背景下，随着产业边界不断打破，产业部门与金融部门的融合程度越来越深，实体经济企业和金融机构在资金、股权及人事上相互渗透，相互跨入对方的经营领域，形成产融结合组织，从而不断优化产业金融生态。

改革开放以来，我国经济长时间保持了持续高速增长，其中一个重要原因就是产业和金融互相促进，共同发展。然而近年来，我国经济增速放缓，实体经济增长乏力，金融业产出却保持快速增长，金融与实体经济之间出现了发展不协同、脱节失衡的严重局面，在转型升级的关键时期，资金"脱实向虚"引发的一系列问题更是让企业的发展举步维艰。金融与实体经济发展严重不平衡，金融和实体经济关系异化，影响国民经济健康发展，制约我国经济的转型升级的步伐。加快转型升级，实现经济高质量快速发展，就必须要采取有力措施促进产融结合、共同发展。要站在新的历史基点上重新塑造产业和金融的关系，促进以制造业为核心的实体经济和金融良性互动、健康发展。

金融是实体经济的血脉，为实体经济服务是金融的天职。金融与实体两者共生共荣，做好产融合作工作，推动金融资源与制造业对接，对构建循环畅通、发展稳健的产业链生态、增强金融服务实体经济能力、促进金融和实体经济良性循环、防范化解系统性金融风险，对于实施制造强国网络强国战略、建设现代化经济体系、促进经济高质量发展，具有非常重要的意义。立足新发展阶段，根据实体经济的需要，如何探寻金融与实体融合的有效路径，提供与时俱进的金融服务，从而推动产业高质量发展，显得尤为重要。深化产融合作，让金融与实体经济实现"同步走"正成为产融各方共同的努力目标。然而我国产融结合发展的推进过程中，在观念、制度、政策等方面还存在不少突出矛盾和问题，形成产融结合、共同发展的良好局面还有许多障碍性因素需要克服。

第一，一些金融机构服务实体经济观念弱化，把片面追求短期利润最大化作为主要目标。随着我国金融市场化进程的不断加快，追求短期利润最大化已成为一些金融企业的主要动力，在利益的驱使之下，金融企业的社会责任感弱化，支持实体经济发展的意愿不足，特别是对新兴产业、科技创新性产业的支持不够。部分金融机构为谋求高收益自我创新、自我循环、自我膨胀，是资金空转、"脱实向虚"的重要原因之一。

第二，金融市场化程度低，金融资源配置失衡，不能为实体经济发展提供多层次、多方位的服务。金融垄断还在一定程度上存在，金融市场化改革还不够彻底、金融体系和金融资源配置结构性失衡，是当前我国金融与实体经济相互分离、协同发展不够的重要原因之一。这种不平衡主要表现为：一是银行与非银行机构发展失衡；二是金融机构和金融产品的同质化与金融服务需求的多样化失衡；三是金融机构的规模结构和区域分布结构失衡，经营灵活的专业性、区域性中小型金融机构发展不足；四是国有与民营金融机构结构失衡，民营金融机构规模偏小。

第三，金融监管不适应金融市场发展需要，监管套利推高实体经济融资成本。当前，混业经营、金融创新、跨境联动等都已超越了现有的金融监管框架，金融监管不适应金融市场发展需要，金融监管改革相对滞后，监管套利层出不穷。一是分业监管体制与混业经营模式不相适应；二是监管机构对某些市场现象反应滞后，以致形成某些领域的监管真空；三是还没有建立起长效机制，整顿市场秩序依靠运动式监管。金融监管体制改革仍需继续深化。

第四，企业产融结合缺乏政策支持和引导，存在政策上的不确定性。当前，我国产融结合实践尚处于初级阶段，在国家层面上，缺乏明晰战略指导、顶层设计和政策引导，存在政策不确定性。同时，监管层和社会舆论对于企业产融结合实践，特别是大型民营企业产融结合还存在片面认识。

第五，部分企业产融结合目标不明确，管理不规范，存在风险。目前我国企业产融结合实践仍处于起步探索阶段，对产融协同发展的认识不够充分，在实践中也暴露出了一些问题。一是部分企业不顾自身实际盲目进行产融结合，增加企业经营风险；二是部分企业热衷发展金融业务，存在偏离主业的倾向；三是部分企业产融"合"而不"融"，产融"两张皮"。

在当前经济和市场环境下，随着新一代科学技术蓬勃发展，产业结构持续升级，实体企业借助产融结合的力量寻求转型升级、实现跨越式发展的事例已屡见不鲜，甚至成为一种趋势。对于 R&D 投入强度相对高的制造业而言，推进产融结合，提升产融结合效率是其实现科技变革、商业模式创新、产业升级转型的核心因素之一。在这种背景下，我国制造业区域间产融结合效率的空间差异现象也逐渐显现出来，东部沿海地区和珠江三角洲地区高科技产业发达，资本密集，产融结合效率处于领先地位，而中西部地区产融结合效率较低，并逐步显现出区域产融结合效率分化的新格局和新趋势，制造业区域间存在的产融结合效率空间异质性已成为影响我国金融服务实体经济质量全面提升的主要瓶颈之一。创新产融结合方式，让金融更大程度地深入、渗透到实体经济之中，让金融与实体经济更加紧密地融合在一起，形成一种互相支持、互相支撑、互利共赢的有机整体将是助力实业发展的关键之一。

近年来，浙江省新经济和新金融的实践不断取得突破，新产业和新金融的结合不断收获成果。在中国特色社会主义新时代，对于 R&D 投入强度相对高的浙江制造业而言，推进产融结合，提升产融结合效率是其实现科技变革、商业模式创新、产业升级转型的核心因素之一。那么，浙江制造业产融结合的现状怎样？效率如何评价？制造业产融结合效率的影响机制是怎样的？浙江制造业产融结合效率的经济效应和社会福利效应又是如何？应采取哪些措施能有效提升制造业产融结合效率？本书拟基于区域经济学视角，在科学评估浙江及省内各区域制造业产融结合效率的基础上，揭示其影响机制及其效应。本书对促进浙江省制造业转型升级、完善金融体制改革具有重要的理论价值和现实意义。

1.1.2　研究目标

本书研究的主要目的是：系统梳理目前学界关于产融结合的研究热点；比较分析国内外制造业产融结合的经验启示；科学设计制造业产融结合效率测度的评价模型及指标，揭示制造业产融结合效率空间相关性；从微观、中观、宏观三个视角对制造业产融结合效率的影响机制进行理论分析与实证检验；对制造业产融结合的经济效应和社会福利效应进行理论分析和实证检验；根据研究结论合理提出促进制造业产融结合效率提升的有效路径。

1.1.3 研究思路与本书结构

本书以浙江制造业产融结合效率为研究对象，主要对"浙江制造业产融结合效率如何科学评价？浙江制造业产融结合效率影响机制是怎样的？浙江制造业产融结合的经济效应和社会福利效应如何？浙江制造业产融结合效率提升对策有哪些？"等问题进行探讨，按"文献研究→理论研究→实证研究→对策研究"的思路展开相关研究。具体的研究思路与技术路线图如图 1－1 所示。

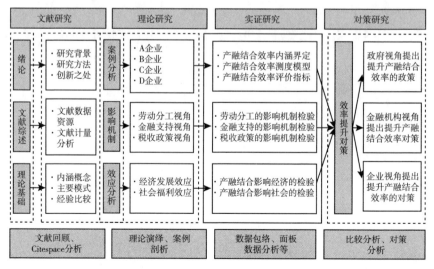

图 1－1 研究思路与技术路线

本书的内容安排如下：

第1章为绪论。本章首先介绍本书的研究背景，并由此提出研究目标、思路及意义；其次介绍本书所涉及的一系列研究方法，包括数据包络分析、修正引力模型、社会网络分析、空间计量方法等；最后明确本书的几点创新之处。

第2章为文献综述。本章借助 Citespace 软件对国内外产融结合的研究全貌和发展趋势进行分析探讨。首先，介绍文献数据来源与研究方法与工具；其次，从发文量、研究高产国家、作者分布情况进行文献现状分析；最后，总结产融结合研究热点与前沿。

第3章为理论基础。本章首先介绍了产融结合的发展历程以及主要模式；然后，揭示了产融结合的动因以及影响因素理论；接着，以美国、日本、德国等发达国家为例，阐明国外产融结合的特点与经验启示；最后，阐述产融结合效应理论和产融结合风险管理理论。

第4章为产融结合案例分析。本章主要以浙江省四家制造业企业为例，解释浙江企业推进产融结合的实践与探索情况。

第5章为产融结合效率评价。本章首先介绍产融结合效率测度方法，主要方法为数据包络分析模型与超效率数据包络分析模型；然后确定产融结合效率测度的相应指标；最后比较分析数据包络分析模型与超效率数据包络分析模型测度。

第6章为劳动分工对产融结合效率的影响及机制分析。本章首先从理论上分析劳动分工对产融结合效率的影响机制；其次是模型设定与描述性分析；最后是劳动分工对产融结合效率影响的实证检验，主要有基准回归、稳健性检验、分位数回归、空间计量分析、机制分析以及异质性分析。

第 7 章为金融支持对产融结合效率的影响及机制分析。本章首先从理论上分析金融支持对产融结合效率的影响机制；其次是模型设定与描述性分析；最后是金融支持对产融结合效率影响的实证检验，主要有基准回归、稳健性检验、分位数回归、空间计量分析、机制分析以及异质性分析。

第 8 章为税收政策对产融结合效率的影响及机制分析。本章首先从理论上分析税收政策对产融结合效率的影响机制；其次是模型设定与描述性分析；最后是税收政策对产融结合效率影响的实证检验，主要有基准回归、稳健性检验、分位数回归、空间计量分析、机制分析以及异质性分析。

第 9 章为产融结合效率的经济与社会效应。本章首先从理论上分析产融结合效率对经济与社会福利的影响机制；其次是模型设定与描述性分析；最后是产融结合效率的经济效应和社会效应的实证检验，主要有基准回归、稳健性检验、机制分析以及异质性分析。

第 10 章为提升制造业产融结合效率的对策建议。本章首先从政府视角提出提升产融结合效率的政策建议，主要包括加强法制建设、完善市场机制建设、降低进入壁垒、优化产业结构、加强金融监管、重视人才作用等六个方面；其次从金融机构视角提出提升产融结合效率的对策，主要包括加大金融创新力度、强化股东备案制度、加大咨询服务力度等三个方面；最后从企业视角提出提升产融结合效率的对策，主要包括聚焦主业发展、实现产融深度融合、密切关注运行状况、完善专业经理人管理机制、强化企业基本职能建设等五个方面。

1.1.4 研究意义

本书实现了以下两个方面的学术价值和应用价值。

本书的学术价值为：本书基于空间经济学视角，构建制造业产融结合效率综合测度模型及评价指标体系，解释制造业产融结合效率的空间相关性，揭示制造业产融结合效率的影响机理以及产融结合效率的经济和社会效应，在此基础上，提出产融结合效率提升新路径。本书是对现有产融结合效率研究理论的有益补充。

本书的应用价值为：第一，有利于我国各级政府部门进一步深化金融体制改革，增强金融服务实体能力。通过对制造业产融结合效率影响机制的分析，相关政府部门进一步认识制造业产融结合效率的影响因素与经济社会效应，以进一步深化地方金融体制改革，全面提升金融服务实体经济能力，促进区域产融协同发展。第二，有利于浙江制造业进一步提升产融结合效率，加快企业转型升级步伐。通过对制造业产融结合效率的科学测度及比较分析，让制造业企业进一步创新产融结合模式，不断提升产融结合效率，推进企业高质量发展。

1.2 主要研究方法

本书有机地结合了产业经济学、新经济地理学、空间计量学、金融学等多学科研究方法建立模型，分析制造业产融结合效率空间联系、影响机理与经济社会效应，这是该领域研究方法上的新尝试。

1.2.1 文献计量分析

选取 Citespace 软件对产融结合相关文献进行国家、机构、作者合作分析，关键词的共现分析等，并将相关领域现有的研究成果转化为可视化的知识图谱；最后，通过定性和定量相结合的方法对数据进行进一步的挖掘，总结并提炼产融结合领域的研究热点、演进路径及发展趋势。

1.2.2 案例分析法

本书以四家浙江省制造业公司为例，研读案例相关文件，包括但不限于公司年报、财务报表、公司公告等，具体分析了产融结合在企业中的应用，并针对相关问题提出相应的对策建议。

1.2.3 DEA 数据包络分析

本书综合运用数据包络分析模型和超效率数据包络分析模型对制造业产融结合效率进行综合测度。数据包络分析法（DEA）是一种解决多指标投入和产出效率问题的数量分析方法，能够准确地找出可比范围内效率最高的决策单元，相比传统的参数法，数据包络分析的优势在于无须事先设定函数形式、误差项分布等参数，只需要投入和产出的数据即能得到客观准确的结果，在运筹学、管理学和数量经济学上运用广泛。但传统的数据包络分析方法容易高估处在技术集边界区域的技术效率，而超效率数据包络分析模型的引入能有效弥补该不足。

1.2.4 空间计量方法

学界常用的空间回归模型主要是空间滞后模型（SLM）和空间误差模型（SEM）。空间滞后模型主要用于探讨相邻地级市的变量对整个系统内其他地级市的同一变量存在影响的情况。空间误差模型主要用于探讨误差项之间存在空间自相关的情况。

1.2.5 分位数回归方法

分位数回归利用解释变量多个分位数来得到被解释变量条件分布相应的分位数方程。相比较于传统的最小二乘回归（OLS），分位数回归模型能更精确地描述自变量对因变量的变化范围以及条件分布形状的影响，同时，分位数回归能够捕捉分布的尾部特征，回归系数估计比最小二乘回归系数估计更稳健。

1.3 本书创新之处

第一，从多维角度研究制造业产融结合效率是一种新视角。目前大多数有关产融结合效率的研究都是局限于微观层面的企业视角，而对于中观和宏观层面的区域视角的研究较为匮乏，现实中，不同地区的产融结合效率存在差异。因此，基于多维视角审视浙江制造业产融结合效率的区域特征及形成机制是一种新的视角。

第二，应用空间计量方法实证分析制造业产融结合效率是一种新的研究方法。本书将有机地结合产业经济学、新经济地理学、空间计量学、金融学等多学科研究方法建立模型，分析制造业产融结合效率空间布局、空间联系及影响机理，这是该领域研究方法上的新尝试。

第三，基于内外部因素系统研究浙江制造业产融结合效率影响机理。目前学术界对产融结合效率影响机制缺乏深入探究，本书从内部支撑力和外部推动力系统分析浙江制造业产融结合效率影响机制和区域联系网络机制。

第 2 章　研究热点
与趋势展望

产融结合作为一种新的产业组织方式，在实现规模经济、降低交易费用和促进企业国际化等方面具有无可比拟的优势，越来越多的企业把产融结合作为企业发展壮大的必然趋势和战略选择。随着金融市场改革的逐步推进，我国的产融结合现象也不断涌现，据 Wind 资讯统计，截至 2016 年，我国约有 32% 的"央企系"上市公司持有金融企业股权。产融结合的发展和突破优化了企业的生存环境，为我国的企业成长和经济跨越式发展做出了重要贡献。然而，在产业资本不断融入、渗透金融资本获取高额回报的同时，却很少有企业注意盲目扩张、风险积聚等问题，产业"脱实向虚"问题日益严峻。在 2017 年的全国金融工作会议上，习近平总书记指出，要"规范金融综合经营和产融结合"[①]。2018 年中央经济工作会议强调产业与金融之间要协调发展，增强金融服务实体经济能力。由此可见，产融结合领域的进一步深入研究既顺应了世界经济发展的潮流，又满足了我国经济发展的现实需要，具有理论与现实意义。

迄今为止，已有相当数量产融结合领域的研究成果发表，但研究内容相对分散，缺乏系统性研究，尚未发现用可视化图谱的文献计量方法对产融结合领域进行系统性研究的文献。鉴于此，本研究运用 CiteSpace 可视化计量软件，从发文数量、国家、作者和关键词等多维度展开可视化分析，梳理和分析国内外产融结合研究的发展脉络。

---

① 习近平谈治国理政（第二卷）［M］. 北京：外文出版社，2017：280.

2.1 数据来源与研究方法

2.1.1 数据来源

为了保证分析文献的质量，本研究的英文文献以 Web of Science（WOS）数据库为数据源，中文文献以中国知网数据库（CNKI）为数据源，检索时间范围设定为 1992～2021 年，检索时间为 2021 年 10 月 28 日。英文文献选定 WOS 中的核心合集为数据来源，设定检索条件为：主题 = （"Banking holding company"）OR（"Financial holding company"）OR（"Enterprise group"）OR（"Proprietary Financ * company"）OR（"captive Financ * company"）（"Bank-enterprise"）OR（"Cross shareholding"）OR（"Bank control"）OR（"Bank ownership"）OR（"Financial dependence"）。中文文献以 CNKI 中的北大核心、CSSCI 和 CSSCD 为期刊来源，设置检索条件为：主题 = "产融结合"。为了增加结论的可靠性，本研究根据内容逐条剔除信息不全、文献主题与研究主题不符的文献，在对导出数据除重后，最终得到 578 篇英文文献和 396 篇中文文献。

2.1.2 研究方法与工具

本研究以搜集整理的 578 篇外文文献和 396 篇中文文献为

研究对象，通过关键词共现、聚类和突现分析，对产融结合的关键节点、演进路径和学科前沿进行捕获和对比分析，再结合文献回顾的方法对数据进行进一步挖掘。相比较于其他可视化工具，Citespace V 在处理分析数据，捕获细节矩阵，可视化抽象信息方面有显著优势，鉴于此，本研究选取 Citespace V 软件对国内外产融结合的研究全貌和发展趋势进行分析探讨。

2.2　研究现状分析

2.2.1　发文量分析

统计历年来国内外产融结合相关文献的数量，绘制成文献分布图（见图 2 – 1），以分析发展历程与预测发展趋势（注：2021 年只统计到 10 月份，用虚线表示）。

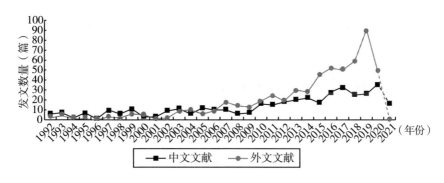

图 2 – 1　产融结合文献分布

早在 1992 年，国内就有学者对产融结合进行研究。但在

1996 年之前，只有少部分学者关注产融结合的问题，年发文
量不足 5 篇，从 1996 年开始，国内学者开始逐渐重视产融结
合的理论研究，年发文量呈现出缓慢增长态势，年发文量增
长到 10 篇左右。从 2009 年开始，年发文量呈现出快速上升趋
势，到 2020 年为止，年发文量已由 2009 年的 7 篇增长到 36
篇，增长了 4 倍之多。国外产融结合研究的发展历程与国内
虽然存在一定程度的差异，但总体趋势相似，在 2009 年前，
年发文量不足 15 篇，但在 2009 年之后，年发文量呈现出迅速
上升趋势，至 2020 年，年发文量已达 91 篇。可见，产融结合
的相关问题越来越受到国内外学者们的关注，研究热度不断
升温。

2.2.2　产融结合研究高产国家、作者分布情况

通过 Citespace V 软件的合作分析功能对国家、机构、科
研人员之间的社会关系进行分析，不仅可以较好地评价高产
国家和研究领域科研人员的学术影响力，还可以帮助科研人
员更快地找到研究领域的引领者，加强与优秀科研团队的进
一步交流合作。

1. 产融结合领域高产国家分布情况

运用 CiteSpace V 软件对样本数据进行可视化分析，节点
类型选择 "Country" 选项，其他都保持系统默认设置，运行
后得到产融结合领域高产国家分布知识图谱，如图 2 - 2
所示。

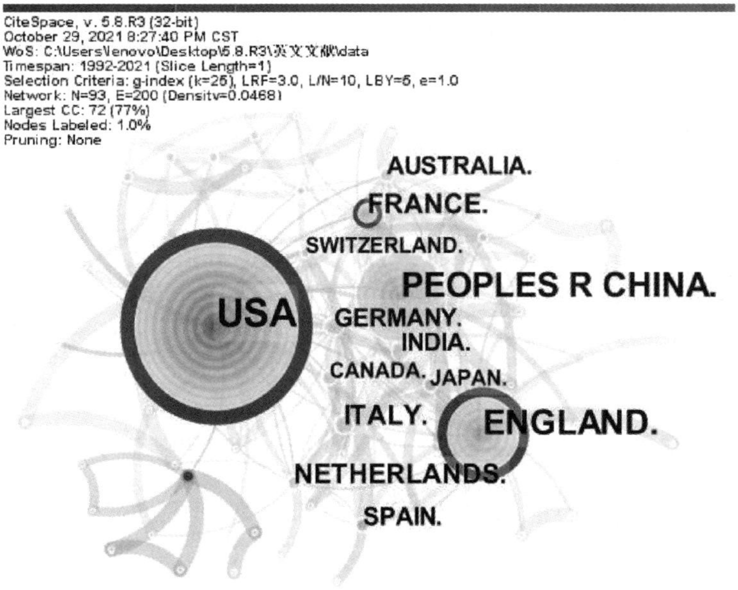
CiteSpace, v. 5.8.R3 (32-bit)
October 29, 2021 8:27:40 PM CST
WoS: C:\Users\lenovo\Desktop\5.8.R3\英文文献\data
Timespan: 1992-2021 (Slice Length=1)
Selection Criteria: g-index (k=25), LRF=3.0, L/N=10, LBY=5, e=1.0
Network: N=93, E=200 (Density=0.0468)
Largest CC: 72 (77%)
Nodes Labeled: 1.0%
Pruning: None
AUSTRALIA.
FRANCE.
SWITZERLAND.
PEOPLES R CHINA.
USA
GERMANY.
INDIA.
CANADA.
JAPAN.
ITALY.
ENGLAND.
NETHERLANDS.
SPAIN.

图 2－2　产融结合高产国家分布

在图 2－2 中，共有 93 个节点，200 条连线，其中每个节点代表一个国家，两个节点之间的连线代表着两个国家之间的联系，节点的大小代表着发文频次的大小，外圈的厚度代表中心性的大小。为了更详细地展示不同国家在研究领域的学术影响力，本研究将具体的发文量和中心性数据单独列出，如表 2－1 所示。

表 2－1　产融结合高产国家发文数量和中心度

发文量			中心度		
排名	数量（篇）	作者国籍	排名	数值	作者国籍
1	146	美国	1	0.57	美国
2	71	中国	2	0.21	英国
3	68	英国	3	0.16	法国
4	29	法国	4	0.09	中国
5	25	意大利	5	0.09	德国

发文量			中心度		
排名	数量（篇）	作者国籍	排名	数值	作者国籍
6	24	荷兰	6	0.08	荷兰
7	23	印度	7	0.07	澳大利亚
8	23	德国	8	0.07	埃及
9	20	西班牙	9	0.07	捷克
10	17	澳大利亚	10	0.05	瑞士

由表 2-1 可知，美国以 146 篇的发文量排在第一位，是排名第二的中国的发文量两倍之多。中国（71 篇）、英国（68 篇）分别居于第二、第三，发文量在 20 篇以上的还有法国（29 篇）、意大利（25 篇）、荷兰（24 篇）、印度（23篇）、德国（23 篇）、西班牙（20 篇），与前三名相比存在一定差距。美国作为产融结合的先行者，在产融结合领域具有较多的研究成果，也为其他国家产融结合的推进提供了借鉴的模式。我国产融结合方面虽起步相对较晚，但后来居上，"后发优势"明显，相关研究成果已居于世界第二，这与我国重视和不断深化产融结合是分不开的。中心度是反映科研合作程度的又一重要指标，中心度测度的是网络中节点的关键程度，中心度大于 0.1 的一般认为是网络中的关键枢纽。从中心性角度看，美国、英国、法国都是关键节点，其中美国以 0.57 的中心度居于第一，英国以 0.21 的中心度紧随其后，法国以 0.16 的中心度位居第三。这些国家与其他国家的科研合作更为开放也更为密切，同时研究也更有影响力。我国的科研合作以 0.09 的中心度位于第四，这说明我国在产融结合领域有着一定的影响力，但尚未成为网络中的关键节点，与

美国 0.57 的中心度也存在较大差距，这说明我国在产融结合领域研究的整体水平和国际影响力有待于进一步提高。

2. 产融结合领域高产作者分布情况

在核心期刊上合作发文的数量可以反映出核心作者及科研人员之间的合作关系，明晰各作者和研究团队在研究领域中的学术地位。研究运用 Citespace V 中的作者合作网络分析功能对获得的样本数据进行可视化分析，在节点类型中选择 "Author" 选项，其他选项都保持系统的默认设置，绘制出 WOS 的作者合作网络图谱（图 2 - 3）。

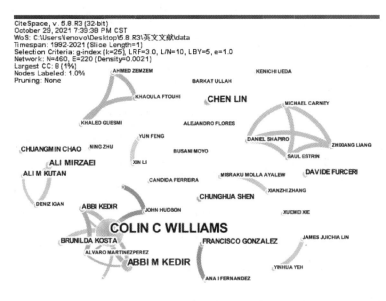

图 2 - 3　国际作者合作图谱

图中节点大小反映作者发文数量的多少，连线数量和粗细分别代表作者合作关系和强度情况。由图 2 - 3 可知，科林·C. 威廉斯（Colin C Williams）的团队具有最大的学术网络，阿里·米尔扎艾（Ali Mirzaei）的团队、艾哈迈德·泽泽姆（Ahmed Zemzem）的团队以及迈克尔·卡尼（Michael Carney）的团队的学术网络也较大，具有相当的影响力，但是其他作者之间的合作就较为缺乏。由此可知，国际产融结合领域已经形成了少量的研究团队，团队内部合作也较为密切，但团队之间相对独立，学者间的合作仅限于团队内部，跨团队合作还比较缺乏。进行进一步数据挖掘，得到国际期刊发文量前10的作者信息表（见表2-2）。

表2-2　　　　国际期刊发文数量排名前10的作者

排名	发文数量（篇）	作者	平均年份
1	14	科林·C. 威廉斯（Colin C Williams）	2012
2	6	阿比·M. 凯迪尔（Abbi M Kedir）	2016
3	5	陈琳（Chen Lin）	2010
4	4	阿里·米尔扎艾（Ali Mirzaei）	2014
5	3	阿里·M. 库坦（Ali M Kutan）	2017
6	3	布鲁尼达·科斯塔（Brunilda Kosta）	2020
7	3	阿比·凯迪尔（Abbi Kedir）	2016
8	3	戴维·弗塞瑞（Davide Furceri）	2018
9	3	弗朗西斯科·冈萨雷斯（Francisco Gonzalez）	2008
10	3	沈中华（Shen Chunghua）	2012

从发文数量上看科林·C. 威廉斯以14篇的发文量位列第一，之后发文量在5篇以上的还有阿比·M. 凯迪尔（6篇）和陈琳（5篇）等。其中弗朗西斯科·冈萨雷斯研究该领域的时间最早，平均发文时间为2008年。经过计算，产融结合领域发文量排名前10的作者的发文量仅占总发文量的

10.3%，由此可知，当前产融结合领域各个作者之间联系相对较弱，缺乏深度的协作研究，尚未形成足够的高产作者群。

为了发现国内产融结合领域的核心作者，以及核心作者之间的合作关系。本书运用 Citespace V 中的作者合作网络分析功能对获得的 396 条样本数据进行可视化分析。选择节点类型为"Author"，其他选项都保持系统的默认设置。可以通过赖普斯定律确定产融结合领域的核心作者，其公式为：$M \approx 0.749 \sqrt{Nmax}$（M 为作者合作发表论文篇数，N 代表研究区间内最高产作者的合作发文数），合作发文数量大于等于 M 值的作者即为该领域的核心作者。分析结果显示，合作发文最高的为 5 篇。因此 N 取值为 5，代入公式，得到 $M \approx 2.24$。表明发文数量达到 3 篇及其以上的作者为核心作者，经统计共有 16 位核心作者，如表 2-3 所示。

表 2-3　　　　　　国内核心作者信息

排名	发文量	作者	平均年份	排名	发文量	作者	平均年份
1	5	曲艺	2012	9	3	李茫茫	2017
2	5	谭小芳	2014	10	3	冯嗣全	1997
3	4	王秀丽	2015	11	3	庄仲乔	2018
4	4	孙晋	2009	12	3	刘军	2003
5	4	李翀	2012	13	3	魏遥	2009
6	4	杨涛	2012	14	3	曹志艳	2012
7	4	黄明	1999	15	3	徐丹丹	2006
8	3	庞任平	2012	16	3	王帅	2011

由表 2-3 可知，曲艺和谭小芳以 5 篇的发文量共居于第

一位，发文量在 3 篇以上的还有王秀丽、孙晋、李翀、杨涛、黄明等。从平均发文年份看，最早开始研究的是冯嗣全、黄明等，平均发文时间均在 2000 年以前，发文量较高的作者发文的平均年份大多集中在 2012 年左右。

为了增强可视化图谱的可读性，更好地分析核心作者之间的合作关系，本书对节点"threshold"选项进行调整选择显示发文量在 3 篇及其以上的节点，得到如图 2 - 4 所示的核心作者合作图谱。

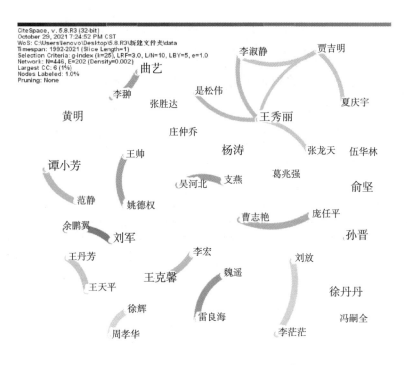

图 2 - 4　国内核心作者合作图谱

由图 2 - 4 可知，产融结合领域存在着若干的学术团体，其中以王秀丽的团队最为典型，具有较大的规模，该团队共有核心作者 3 名。其他的合作团队，如谭小芳、曲艺、刘军等的团队也具有一定规模，值得关注。整体来说，国内产融结合领域已经形成了一定数量的研究团队，但其余学者间的合作强度则相对较低，且大多发生在两两之间。

2.3　研究热点与前沿

2.3.1　研究热点

本研究运用 Citespace 软件从关键词共现和聚类两方面对国内外产融结合领域的研究热点进行归纳分析和总结。

1. 关键词共现分析

关键词是文章主题的高度凝练，可以在很大程度上代表文章的主要内容和核心思想，为充分展示产融结合研究的热点，本研究运用 Citespace 分析产融结合领域的关键词共现情况。节点类型选择 "keyword"，其他保持系统默认设置，运行得到国内外产融结合领域的关键词共现可视化图，如图 2 -5 和图 2 -6 所示。

图 2 -5 中共有 391 个节点，2669 条连线，其中节点的大小代表关键词出现的频次，节点的连线反映了关键词间的共线关系，节点连线越粗表明关键词共线的频次越多。从图 2 -5 中我们可以清晰地发现 "performance"（绩效）、"growth"（增长）、"financial"（金融）、"dependence"（依赖）、"firm"（企业）、"market"（市场）、"impact"（影响）等关键词出现

```
CiteSpace, v. 5.8.R3 (32-bit)
October 28, 2021 7:55:32 PM CST
WoS: C:\Users\lenovo\Desktop\5.8.R3\英文文献\data
Timespan: 1992-2021 (Slice Length=1)
Selection Criteria: g-index (k=25), LRF=3.0, L/N=10, LBY=5, e=1.0
Network: N=391, E=2669 (Density=0.035)
Largest CC: 375 (95%)
Nodes Labeled: 1.0%
Pruning: None
```

图 2 - 5   WOS 关键词共现图谱

```
CiteSpace, v. 5.8.R3 (32-bit)
October 26, 2021 7:36:02 PM CST
WoS: C:\Users\lenovo\Desktop\5.8.R3\新建文件夹\data
Timespan: 1992-2021 (Slice Length=1)
Selection Criteria: g-index (k=25), LRF=3.0, L/N=10, LBY=5, e=1.0
Network: N=536, E=1409 (Density=0.0098)
Largest CC: 517 (96%)
Nodes Labeled: 1.0%
Pruning: None
```

图 2 - 6   CNKI 关键词共现图谱

的频次较高。图 2 - 6 中共有 536 个节点, 1409 条连线, 从图中我们可以清晰地发现"产融结合""金融资本""产业资本""银企关系""融资约束""企业集团"等关键词出现的频次较高, 这些关键词代表了国内外产融结合领域的热点话题。为了进一步挖掘各关键词在共线网络的地位, 本研究将国内外产融结合领域关键词的出现频次和中心性数据制成排名表进行进一步分析 (见表 2 - 4)。

表 2 - 4　　国内外产融结合关键词出现频次和中心性

排名	外文文献				中文文献			
	关键词	频次（次）	关键词	中心度	关键词	频次（次）	关键词	中心度
1	绩效	116	市场	0.22	产融结合	355	产融结合	1.78
2	增长	100	绩效	0.20	金融资本	39	金融资本	0.05
3	金融依赖	79	增长	0.13	产业资本	32	企业集团	0.03
4	企业	75	金融依赖	0.13	融资约束	25	金融业	0.03
5	市场	69	效率	0.11	银企关系	22	金融业务	0.02
6	影响	56	所有权	0.10	企业集团	18	专业银行	0.02
7	所有权	51	信息不对称	0.09	财务公司	10	产业资本	0.01
8	竞争性	48	产业	0.08	金融业	10	融资约束	0.01
9	效率	43	企业行为	0.08	投资效率	9	银企关系	0.01
10	决定因素	43	成本	0.08	市场经济	7	财务公司	0.01

由表 2 - 4 可知, 就关键词出现频次而言, 外文文献中出现频次最高的为"绩效"(116 次), 其余出现频次在 50 次以上的还有"增长"(100 次)、"金融依赖"(79 次)、"企业"(75 次)、"市场"(69 次)、"影响"(56 次)、"所有权"(51

次）。就关键词的中心性而言，外文文献中中心性最高的关键词是"市场"（0.22），中心性大于 0.1 的还有"绩效"（0.20）、"增长"（0.13）、"金融依赖"（0.13）、"效率"（0.11）、"所有权"（0.10），上述关键词均为共现网络中的关键节点。对国内相关研究的分析可知，就出现频次而言，"产融结合"（355 次）出现的频次最高，其他出现频次在 10 次以上的还有"金融资本"（39 次）、"产业资本"（32 次）、"融资约束"（25 次）、"银企关系"（22 次）、"企业集团"（18 次）、"财务公司"（10 次）、"金融业"（10 次）。就关键词在网络中的地位而言，与其他关键词联系最为紧密的是"产融结合"，中心性高达 1.78，"金融资本"（0.05）、"企业集团"（0.03）、"金融业"（0.03）、"金融业务"（0.02）、"专业银行"（0.02）的中心度也相对较高，但都未达到 0.1，尚未成为网络中的关键节点。

2. 关键词聚类分析

为了进一步考察产融结合领域的研究热点和知识结构，本研究运用 Citespace 对关键词共现网络进行聚类分析，关键词聚类分析的每个聚类集群可以通过标题、关键词或摘要进行标注，算法也有 LSI、LLR、MI 等三种，经过比对后，本书认为基于 LLR 算法的关键词命名与现实更为吻合。因此，本书在节点类型中选择"keyword"选项，其他都选择为系统默认设置，运行 CiteSpace V 软件，生成如图 2-7 和图 2-8 所示的基于 LLR 算法的国内外产融结合关键词聚类图谱。

```
CiteSpace, v. 5.8.R3 (32-bit)
October 28, 2021 7:55:32 PM CST
WoS: C:\Users\lenovo\Desktop\5.8.R3\英文文献\data
Timespan: 1992-2021 (Slice Length=1)
Selection Criteria: g-index (k=25), LRF=3.0, L/N=10, LBY=5, e=1.0
Network: N=391, E=2669 (Density=0.035)
Largest CC: 375 (95%)
Nodes Labeled: 1.0%
Pruning: None
Modularity Q=0.3674
Weighted Mean Silhouette S=0.6991
Harmonic Mean(Q, S)=0.4816
```

#5 entrepreneurship
#4 financing constraint
#1 cost#8 commercial bank
#3 innovation
#2 behavior
#0 growth
#7 industry growth
#6 sme lending

图 2-7　WOS 关键词聚类图谱

```
CiteSpace, v. 5.8.R3 (32-bit)
October 31, 2021 1:11:37 PM CST
WoS: C:\Users\lenovo\Desktop\5.8.R3\新建文件夹\data
Timespan: 1992-2021 (Slice Length=1)
Selection Criteria: g-index (k=25), LRF=3.0, L/N=10, LBY=5, e=1.0
Network: N=533, E=1409 (Density=0.0099)
Largest CC: 513 (96%)
Nodes Labeled: 1.0%
Pruning: None
Modularity Q=0.6094
Weighted Mean Silhouette S=0.9568
Harmonic Mean(Q, S)=0.7446
```

#9 监管模式
#10 生成机制
#5 金融业
#8 产业链
#0 产融结合
#1 融资约束
#4 企业集团
#2 产业资本
#3 银企关系
#7 人工智能
#6 专业银行

图 2-8　CNKI 关键词聚类图谱

　　图2-7和图2-8分别展示了国内外产融结合研究领域的主要聚类分布，片区的颜色反映关键词共现首次出现的时间，时间由远到近，颜色由深色转变为浅色。图2-7中共有391个节点，2669条连线和9个共现聚类集群，图2-8中共有533个节点，1409条连线和11个共现聚类集群，其中规模过小的集群调整至忽略。图2-7中聚类模块数Q为0.3674，聚类的相似度S的值为0.6991，图2-8中网络图谱的聚类模块数Q为0.6094，同时聚类的相似度S的值为0.9568，一般认为Q>0.3，聚类效果就符合预期要求，对聚类的相似度而言，只要S>0.5，聚类的同质性就较好。可见，本研究国内外产融结合关键词的聚类效果不错且同质性较高。为了充分挖掘研究热点和探索研究热点的演进趋势，有必要对国内外产融结合聚类进行深度分析。

　　由表2-5可知，国外产融结合领域共形成了经济增长、成本、企业行为、创新行为、融资约束、企业家精神、中小企业贷款、产业增长、商业银行等9个聚类集群，国外关于产融结合的研究主要围绕上述聚类展开。其中最大的聚类是经济增长，包含77个成员，代表性词语有"经济增长""信贷""企业绩效""金融依赖""公司治理"等。最早的聚类为商业银行，包含12个成员，代表性词语有"商业银行""渐进正态性""专属银行""非期望产出""公共银行"等。平均年份在2010年以后的聚类有三个：平均年份为2010年的融资约束聚类，包含48个成员，代表性词语为"融资约束""协作""数据包络分析""外资银行""企业创新"等；平均年份为2013年的企业家精神聚类，包含41个成员，代表性词语为"企业家精神""非正式部门""发展经济学""非正式经济""腐败"等；平均年份为 2015 年的创新行为聚类，包含 50 个成员，代表性词语为"创新行为""产品创新""流程创新""公司治理""银行所有权"等。

表 2-5 国外产融结合关键词聚类表

聚类编号	规模	紧密度	平均年份	代表性词语
0	77	0.649	2009	经济增长、信贷、企业绩效、金融依赖、公司治理
1	65	0.697	2007	成本、债务、选择权、收益质量、股权结构
2	51	0.714	2007	企业行为、银行债务、集团企业、公司治理、联立方程模型
3	50	0.673	2015	创新行为、产品创新、流程创新、公司治理、银行所有权
4	48	0.637	2010	融资约束、协作、数据包络分析、外资银行、企业创新
5	41	0.694	2013	企业家精神、非正式部门、发展经济学、非正式经济、腐败
6	16	0.845	2004	中小企业贷款、贸易部门、经济体、银行审查评级、银行控股公司转换
7	15	0.859	2007	产业增长、企业规模、间接关联、新兴市场经济、出口价格溢价
8	12	0.947	2002	商业银行、渐进正态性、专属银行、非期望产出、公共银行

由表 2-6 可知，国内产融结合研究领域共形成了产融结合、融资约束、产业资本、银企关系、企业集团、金融业、专业银行、人工智能、产业链、监管模式、生成机制等 11 个

聚类集群，关于产融结合的研究主要围绕这些聚类展开。其中最大的聚类是产融结合，包含 166 个成员，代表性词语有"产融结合""产业资本""金融资本""经济效应""融资约束"等。年份最早的聚类为银企关系，包含 41 个成员，平均年份为 1998 年，代表性词语有"银企关系""社会主义""市场经济""借贷关系""抵押贷款"等。年份较近的聚类有融资约束、产业链、人工智能等，平均年份都在 2015 年。其中最近的聚类为人工智能，包含 19 个成员，代表性词语有"人工智能""云计算""金融脱媒""物联网""智慧能源"等。

表 2 - 6　　　　　　　国内产融结合关键词聚类表

聚类编号	规模	紧密度	平均年份	代表性词语
0	166	0.98	2010	产融结合、产业资本、金融资本、经济效应、融资约束
1	51	0.923	2015	融资约束、财务公司、技术创新、研发投入、投资效率
2	44	0.932	2010	产业资本、金融资本、实体企业、机制研究、德隆系
3	41	0.875	1998	银企关系、社会主义、市场经济、借贷关系、抵押贷款
4	35	0.918	2008	企业集团、外部金融、一行三会、银行业金融机构、使用效益
5	31	0.96	2002	金融业、投资者、股份公司、组织形式、实体经济
6	26	0.942	2002	专业银行、金融机构、金融板块、金融业务、信贷规模

续表

聚类 编号	规模	紧密度	平均 年份	代表性词语
7	19	0.97	2016	人工智能、云计算、金融脱媒、物联网、智慧能源
8	16	0.988	2015	产业链、风险防范、上下游、价值链、保险业务
9	12	0.997	2007	监管模式、企业集团成员单位、买方信贷、公众存款、中美比较
10	10	0.996	2009	生成机制、产融集团、熵变模型、耗散结构、产融结合

2.3.2 研究趋势

本研究运用 Citespace 软件从关键词聚类时间线图谱和关键词突现两方面对国内外产融结合领域的研究趋势进行归纳分析探讨。

1. 关键词聚类时间线图谱分析

聚类时间线图谱将同一聚类的节点按出现时间的远近排布在同一水平线上,可以勾画不同聚类的时间关系,展示聚类的历史研究成果和研究的活跃度。因此,本研究在节点类型中选择"keyword"选项,展现方式选择"Timeline View"选项,其他都选择为系统默认设置,运行 CiteSpace V 软件,生成如图 2-9 和图 2-10 所示的关键词时间线图谱。

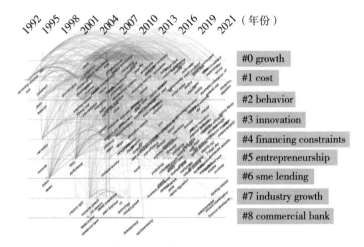

图 2-9　WOS 关键词聚类时间线

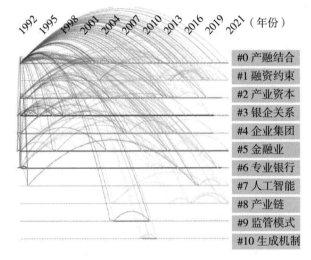

图 2-10　CNKI 关键词聚类时间线

对图 2-9 和图 2-10 进行分析可知，从聚类的起始时间看，截至 2000 年，国外的聚类大部分已形成，而国内已形成的聚类只有产融结合、产业资本、银企关系、企业集团、金融业、专业银行和人工智能，还有相当一部分聚类，如融资约束、产业链、监管模式、生成机制等，还尚未形成。从聚类的持续时间看，国外聚类研究的持续时间均较长，大部分聚类起始于 1995 年左右，经济增长、成本、企业行为、创新行为、融资约束、企业家精神、中小企业贷款、产业增长等聚类持续至今仍保持较高的热度；国内产融结合聚类持续时间最长，持续时间较长的聚类还有产业资本、金融业、专业银行、人工智能等四个聚类。

　　根据图 2 - 1 和图 2 - 5，结合国内相关研究，可以大致将我国产融结合研究分为 3 个研究阶段。第一阶段（1996 年以前）为萌芽期。随着改革开放的不断推进，我国开始实行"拨改贷"制度，银行融资成为了企业主要的融资渠道，企业出于对经营利润的需要，开始将盈余资金以持股、参股的方式投资金融机构，有些甚至直接创办金融机构，例如，东风汽车成立了东风汽车财务公司，中国光大公司成立光大国际信托公司，首都钢铁公司建立华夏银行等，这些现象客观上形成了产业资本向金融资本逐步渗透的条件。与此同时，资本市场的发展和完善也为产融结合的起步提供了基础和前提，因此，中国出现了产业资本进入金融领域的热潮。出于理论指导实践的需要，国内理论界开始逐渐关注和研究产融结合问题。银企关系、企业集团、专业银行是当时主要的研究方向。第二阶段（1996 ~ 2008 年）为成长期。随着产融结合的不断推进，为了完善监管机制和制度规范，政府开始颁布一系列政策以规范我国产融结合的推进，以《中华人民共和国商业银行法》的颁布为标志，国内产融结合进入了新的发展时期。国内学术界也开始关注监管模式、风险防范等问题，研究相关配套监管问题，为政府在推行产融结合中控制风险提供理论指导。第三阶段（2008 年至今）为稳步发展期，随着中国经济发展的转型，推动企业改革和产业升级，把实体经济做优做强成为经济发展的重中之重。探索与实践均证明了产融结合对现阶段企业改革和产业升级具有重要的影响，因此，这一时期的学术界更为关注产融结合的形成动因、产融结合对企业融资、创新的影响以及产融结合对产业结构升级、供给侧结构改革深化和区域创新等因素的推动作用，融资约束、技术创新、实体经济和生成机制等成为新的学术热点。

2. 基于突现词可视化分析的产融结合领域热点及趋势研究

Citespace V 的"Detect Bursts"（突现分析）功能可以对关键词进行突现分析，检测和发掘在短时间使用频次快速增长的关键术语，这类专业术语可以在一定程度上反映该领域的研究前沿。本书对国内外产融结合领域进行突现分析，得到了如表 2-7 所示的国内外产融结合研究前 20 个突现词。

表 2-7　　产融结合研究的前沿关键词（前 20 个）

外文文献				中文文献			
关键词	突现强度	起始年份	结束年份	关键词	突现强度	起始年份	结束年份
金融依赖	3.45	2002	2016	银企关系	9.57	1992	2002
监管法	3.39	2004	2010	股份制	3.11	1992	1993
市场结构	3.25	2004	2006	社会主义	2.43	1992	1995
效率	3.42	2007	2008	金融业	2.1	1992	1998
市场	3.38	2007	2009	专业银行	1.9	1992	1993
市场进入	5.34	2010	2015	信贷规模	1.84	1992	1993
国际证据	3.15	2010	2014	市场经济	3.28	1993	1999
市场竞争	3.15	2010	2016	银企集团	2.8	1995	2002

续表

外文文献				中文文献			
关键词	突现强度	起始年份	结束年份	关键词	突现强度	起始年份	结束年份
公司治理	2.54	2010	2017	外源融资	1.83	1997	2000
经济增长	2.9	2014	2016	产业资本	4.46	1999	2007
信息不对称	2.8	2014	2015	金融资本	3.09	1999	2007
制度	2.62	2015	2018	启示	2	2006	2012
国家	3.33	2016	2018	财务公司	2.59	2008	2015
管理	3.47	2017	2018	产融集团	1.93	2009	2010
企业规模	3.32	2018	2019	企业集团	4.39	2011	2016
就业	3.27	2018	2021	融资约束	7.77	2017	2021
影响	3.03	2018	2021	研发投入	3	2018	2021
企业创新	2.94	2018	2021	企业创新	1.99	2018	2021
外商直接投资	2.61	2018	2021	技术创新	1.82	2018	2021
交易	2.52	2018	2021	投资效率	2.61	2019	2021

由表 2-7 可知，国外产融结合研究热点呈现出距离时间越近，持续时间越短的总体特征。"金融依赖"出现时间最早，起始年份为 2002 年，同时持续时间也最长，到 2016 年才结束，持续年份高达 14 年，之后的"监管法""市场进入""市场竞争""公司治理"等关键词持续时间也相对较长，持续时间平均有 6 年左右，而在 2014 年之后突现的关键词"经济增长""信息不对称""制度""国家""管理""企业规模"等关键词持续时间平均不足 3 年。其中，突现强度最强的是"市场进入"，通过分析发现，相关文献主要聚焦于两方面，一方面是探讨如何完善银行业的准入条件，促进产业和金融良性互动、互利共赢的发展模式，另一方面是探讨企业

集团对市场竞争的消极影响，以及其对市场准入壁垒的作用。

对国内产融结合领域进行分析发现，"银企关系"是突现强度最强的关键词，也是最早的研究热点。起始年份为1992年的还有"股份制""社会主义""金融业""专业银行"和"信贷规模"等关键词，在我国产融结合研究起步阶段，学者们认为产融结合是现代市场经济体制发展的必然要求，也是加强银企合作的重要方式，并强调借鉴西方发达国家的产融结合模式，以促进我国银企关系的健康发展。之后，"市场经济""外源融资""产业资本""金融资本"等关键词突现为新的热点，学者们强调产融结合是产业资本和银行资本出于各自的需要而彼此融合渗透的过程，是现代市场经济中极为普遍的银企关系模式，而非资本主义腐朽性的表现，并运用交易费用理论、信息不对称理论等对产融结合现象出现的原因进行了理论剖析。随着国有企业改革的进一步推进，造就和发展了一大批大型企业集团，产融集团、企业集团等成为新的学术研究热点。至2017年，"融资约束""研发投入""企业创新""技术创新""投资效率"等关键词的突现，表明当前学术界着重研究产融结合的经济效应，从实证角度检验了产融结合对企业融资约束、研发创新、投资效率等方面的影响。

2.4　本章小结

本章以1992～2021年WOS数据库和CNKI数据库收录的产融结合相关文献为研究对象，用知识图谱的形式展示了国

内外产融结合领域的研究现状、研究脉络与研究前沿，得出
以下结论：

从合作网络看，在国家层面，美国和中国的发文量较高，
但中国的中心性与美国、英国、法国等国家存在着较大差距。
在作者层面，国外最大的学术团队为科林·C. 威廉斯的团
队，国内最大的团队为王秀丽的团队。国外科林·C. 威廉斯、
阿比·M. 凯迪尔、陈琳等学者发文数量较多，国内曲艺、谭
小芳、王秀丽、孙晋等学者发文数量较多。综合来看，国内
外均已形成少数联系微弱的研究团队，但未形成合作紧密的
网络。

从研究内容看，外文文献中出现频次较高的有绩效、增
长、金融依赖、企业、市场、影响、所有权等。国内出现频
次较高的有产融结合、金融资本、产业资本、融资约束、银
企关系、企业集团、财务公司等。就关键词的中心性而言，
外文文献中中心性较高的关键词有"市场""绩效""增长"
"金融依赖""效率""所有权"等，而国内只有产融结合中
心性较高，其他关键词中心性都低于 0.1。国外产融结合领域
形成了经济增长、成本、企业行为、创新行为、融资约束、
企业家精神、中小企业贷款、产业增长、商业银行等 9 个聚
类，国内产融结合研究领域形成了产融结合、融资约束、产
业资本、银企关系、企业集团、金融业、专业银行、人工智
能、产业链、监管模式、生成机制等 11 个聚类。

从研究趋势看，国外研究聚类的起步时间略早于国内，
且持续时间较长。国内相关研究可以大致划分为三个阶段，
第一阶段（1996 年以前）为萌芽期，银企关系、企业集团、
专业银行是当时主要的研究方向。第二阶段（1996~2008 年）

为成长期，学术界开始关注监管模式、风险防范等问题。第三阶段（2008 年至今）为稳步发展期，融资约束、技术创新、实体经济和生成机制等成为新的学术热点。国外最新的研究热点有企业规模、就业、影响、企业创新、外商直接投资、交易等，国内最新的研究热点为融资约束、研发投入、企业创新、技术创新、投资效率等。

第 3 章　理论基础

本章是产融结合理论基础分析，拟在介绍产融结合的发展历程以及主要模式理论的基础上，揭示产融结合的动因以及影响因素理论，然后，以美国、日本、德国等发达国家为例，阐明国外产融结合的特点与经验启示；最后，分析阐述产融结合效应理论和产融结合风险管理理论。

3.1 产融结合发展历程与存在的问题

3.1.1 发展历程

产融结合是一个动态发展的概念，是经济发展到一定阶段后自然而然的演进结果。20 世纪 80 年代末，我国产融结合已经进入起步阶段，此时的产融结合表现为政府通过加强国有企业和银行之间的信贷关系，集中资金培育龙头产业，凝聚工业实力，加速工业化进程，即主要形式为政府主导型产融结合。市场主导型产融结合从 20 世纪 90 年代才开始出现，此时主要表现为工商企业自发参股金融机构构建金融控股集团等。近年来，为了实现减少信息不对称，降低交易成本和规模经济等目标，工商企业控制的实体资本与银行、证券、保险等金融机构控制的虚拟资本开始自发交织结合，形成了具有渗透性、高效性、互补性和组合优化性等特点的产融结合现象。至此产融结合蓬勃发展达到了一个个新的高度。

产融结合的概念最早可以追溯到马克思等人对产业与金融资本关系的阐述。马克思在其著作《资本论》中从政治经济学视角深入分析了产业资本与金融资本间的关系，并提出，"……要转化为资本的货币额……按其使命来说是资本，只是因为它被使用、被支出的方式的目的是使自己增大"①，并"导致资本的积聚"②。"现代银行制度，一方面把一切闲置的货币准备金集中起来，并把它投入货币市场，从而剥夺了高利贷资本的垄断，另一方面又建立信用货币，从而限制了贵金属本身的垄断"③。"英格兰银行会控制利息率……在货币异常紧迫的时候……私人银行或经纪人的贴现业务比较受到限制，这种业务就会落在英格兰银行身上，于是它有了确定市场利息率的权力"④。

在这一过程中，越来越多的产业资本将会集中于银行，进而加深金融资本对产业资本的控制，金融资本与产业资本的渗透融合是产融结合的原动力。马克思关于产融结合、银企关系、银行信用等概念的阐述为学者探讨产业资本与金融资本关系提供了理论基础。

拉法格通过对托拉斯垄断形式的阐述提出了"金融资本"的概念，他认为，在资本高度集中化的基础上，银行资本与工业资本渗透结合，资本主义会逐步走向垄断经济形式，呈现出托拉斯形态，与此同时特殊的资本类型——"金融资本"得以形成。之后，奥地利经济学家鲁道夫·希法亭在其专著《金融资本论：金融资本与自由竞争的限制》中对"金融资本"进行了更为详细的阐述，认为银行资本在投入企业后，

---

① 《马克思恩格斯全集（第四十九卷）》[M]. 北京：人民出版社，1982：34.
② 《马克思恩格斯全集（第四十九卷）》[M]. 北京：人民出版社，1982：246.
③ 《马克思恩格斯全集（第二十五卷）》[M]. 北京：人民出版社，1974：682.
④ 《马克思恩格斯全集（第二十五卷）》[M]. 北京：人民出版社，1974：616.

在企业生产过程中转化为产业资本，最终形成了金融资本，即金融资本实际上是货币形式的资本，并着重阐述了股份公司在金融资本产生与转换过程中的重要作用，认为金融资本是股份公司和银行资本合力促进形成的，银行资本与产业资本的融合是金融资本形成的重要推动力，而产业部门与金融部门的利益渗透推动了产融结合的进一步发展。

可以发现，马克思、拉法格与希法亭关于广义产融结合的论述构成了现代产融结合的理论支撑，在界定产融结合的本质与内涵的基础上，为学术界进一步研究分析产融结合打下了基础。

近年来，国内外学者开始逐步关注和重视产融结合现象，并从学术不同的角度对产融结合给出了各自的定义。蔺元（2016）、黎文靖和李茫茫等（2017）从产融结合效果入手，认为产融结合是金融机构和非金融机构之间以股权为关键联结枢纽，以实现两者之间的相互渗透融合的现象；也是产业资本通过多元化经营以提升自身资本流转速率和增值速度，从而实现更高资本运营效益目标的一种发展趋势。也有学者从融资约束视角入手，把产融结合定义为产业资本进入金融行业或金融资本进入实体产业，最终实现实体产业和金融产业两者之间深度高效融合的过程，如万良勇（2016）等。还有如马红（2018）、支燕和吴河北等（2011）从动因角度入手，认为产融结合即产业资本和金融资本通过股权投资等形式进入对方专业和经营范围，以达成资本、业务、人员等各个方面的相互渗透，最终形成新型产融组织的现象。从不同的理论入手，产融结合也有不同的内涵。信息不对称理论认为，产业资本和金融资本之间的信息不对称是产融结合的前提条件（Boot，2000）；交易费用理论认为，产融结合可以减少融资的交易费用（Goto，2008）；后发优势理论认为，产融结合是后发国家早期工业化资本形成问题的有效机制（Guinnane，2012）；企业多元化理论认为，产融结合是体制环境差异性导致企业经营多元化的必然结果，是企业提高其核心竞争力的更好选择（朱武祥，2016）。虽然当前对产融结合内涵与概念已经有了较为充分的研究，但产融结合的概念到目前为止尚未有一个明确且一致的定义，一般认为国内外关于产融结合概念的研究大致可以归类为以下三类观点。

一是产融结合是指金融企业与工商企业通过股权、资金供求等方面相互联结、融合、共同生长的过程。二是产融结合是指金融部门与产业部门通过股权关系相互渗透，实现金融资本与产业资本相互融合转化的过程。三是产融结合是指产业与金融业通过参股、持股、控股等方式进行融合，进而在经济运行中实现共同发展目标与整体效益的过程。

从世界范围来看，产融结合主要可以分为产业资本进入金融行业和金融资本进入实体产业，即"由产到融"和"由融到产"这两种形式。由产到融，即产业资本旗下的部分资本从产业转移到金融机构，从而形成强大的金融核心；与之不同，由融到产，是金融资产通过对实体资本进行长期控制以获得平均回报，而控制的产业也大多是长线产业或巨进巨出的产业。在我国由于政策问题，银行业投资实体产业受限。因此产融结合方式就难以通过"由融到产"的发展，现阶段的主要形式是"由产到融"，即多为实体产业从事金融业务。

相比较于国外，国内的产融结合起步较晚，而且发展的历程也较为曲折。总的而言，虽然改革开放前，我国也存在

"由融到产"的初级产融结合方式，但这种方式受政府控制，表现方式单一，仅表现为银行单方面向企业提供贷款这一信贷融合方式，这种产融结合还不能称为完全意义上的产融结合。因此，准确地来说，我国对产融结合的初步探索是从改革开放之后，工商企业有了内部存留资本，商业银行也开始吸纳工商企业的投资后开始的。随着对产融结合探索的逐步推进，经济的不断发展，体制与政策与时俱进，国际交流的不断深入，产融结合也有了动态的发展，内容和形式都有一定程度上的变化。

基于此，本书将产融结合分为以下三个阶段：起步阶段、整顿阶段和恢复与繁荣阶段。通过对各个阶段的具体分析，进一步展现我国产融结合发展的整体脉络。

1. 起步阶段（1978～1992年）

产融结合从最开始的单一信贷关系到改革开放以后发展为金融机构和非金融机构的双向融合模式，产融结合才算开始了真正意义上的初步探索。20世纪80年代中期的银行体系改革后，股份制和地区性商业银行纷纷建立，这使得工商企业参股金融机构的产融结合模式成为可能。如1987年重新组建的交通银行就是该模式产融结合的一次实践，与之前不同，重新组建的交通银行是一家股份制银行，其资本筹措采用了国家控股和分开招股两种形式。可以这样说，1987年交通银行的筹资方式开创了工商企业参股商业银行的先河。自交通银行的产融结合实践以后，工商企业参股金融机构的产融结合模式迅猛发展。之后的招商银行也通过与近百家工商企业集团签订入股协议来实现资金的募集，同时还有深圳发展银行、福建兴业银行等也是同样采取了工商企业参股商业银行的产融结合形式来实现资本的互相渗透。

除了上述产融结合模式以外，还有一种更为激进的产融结合模式，即产业集团通过成立内部财务公司来实现产业资本和金融资本的渗透融合。其中较有代表性的实践有东风汽车成立财务公司、首都钢铁公司成立华夏银行、中国光大集团成立光大银行、中信集团成立中信银行，这些都是大型产业集团通过成立全资附属金融机构实现产融结合的典型案例。

本阶段产融结合初步发展，金融行业和非金融行业的结合形式和范围也在不断地变化发展，这是市场和政府共同作用的结果。从市场角度看，一方面，随着改革开放的逐步推进，经济发展较为迅速，金融市场也在一步步地发展完善，企业与银行之间的交流频繁，联系深化。同时随着企业的成长，对市场的开拓和发展的多元化，国际化需求愈发强烈，企业这些目标的实现都离不开资金的支持，因此企业对资金的需求不断加大，愈发有动力向金融领域深入发展。另一方面，金融业在经济发展中也起着越来越重要的作用，银行也有了更多的获利渠道和更强烈的获利动机。工商企业和金融业在各自的利益驱动下一拍即合，以各种形式推动产业融合发展，以期实现两者的互利共赢，这是产融结合发展的推动力量之一。从政府角度看，政府于 1980 年颁布的《关于推动经济联合的暂时规定》鼓励不同企业通过横向经济联合来推动企业集团发展，1986 年颁布的《国务院关于进一步推动横向经济联合若干问题的规定》和 1987 年的《关于组建和发展企业集团的几点意见》考虑了公司企业集团对内外部融资的需要，都明确表示支持大型工商企业集团通过设立内部财务公司来满足自身的融资需求。

可以这样说，在起步阶段，产融结合不但满足了工商企业和银行自身发展的需要，同时还满足了国家深化经济体制改革的需要。在政府政策的大力扶持和企业内部利益的驱动下，企业集团产融结合发展迅速。但由于发展速度过快，相应的法律体系和监管制度的滞后，为产融结合埋下了隐患。同时此时的产融结合也具有较多的局限性。首先，此时的产融结合受政府干预严重，很大程度上是国家意志的体现。这导致经济效率在一定程度上被扭曲，银行无法真正贷款给有需要的企业，资金资源配置效率低下。其次，这个时期的产融结合程度较低，产业资本参股金融机构并没有获得较大的影响力。同时，银行的金融产品单一，金融产品以企业贷款为主，缺乏产品创新度。这些问题导致产融结合对企业融资效率的优化相当有限，产融结合并没有很好地实现工商企业的预期目标。鉴于此，本书将这一时期划分为产融结合的起步阶段。

2. 整顿和曲折发展阶段（1993～2003年）

国内的产融结合起步之后，国内的很多工商企业集团为了追求高额的利润，盲目组建或参股证券、信托等金融机构或是创建财务公司。产融结合的快速发展导致大量的产业资本涌入金融行业，但是当时法律制度、管控政策并没有与产融结合的推进步伐相配套，大量缺乏约束和管控的产业资本给金融市场带来了巨大的冲击，产融结合不但没有达到预期的效果反而使得当时中国的金融市场陷入了一片混乱，同时金融行业存在的"多米诺骨牌效应"不断传导，放大和释放蕴藏的金融风险，规范产融结合迫在眉睫。

为了整顿国家经济秩序，维护金融市场的稳定，国家出台了一系列政策以规范产融结合的发展。中国人民银行于1994年发布了《关于向金融机构投资入股的暂行规定》，该规定限制了国家政策银行和国有商业银行对金融机构的投资，还明确规定只有具有一定业绩和净资产并经过审批的工商企业才能对金融机构进行投资。1995年的《中华人民共和国商业银行法》更是严格限制了"由融到产"的产融结合发展路径，其中第七十四条明确规定，任何商业银行不得违反相关规定参股非银行金融机构和工商企业，这导致绝大部分金融资本淡出产业资本，产融结合主要形式只剩"由产到融"，但即便是产业资本渗透金融资本的"由产到融"形式也大大受挫，工商企业完全没有了之前的投资热情。

在政府出台的相关政策整顿之下，产融结合发展略显低迷。但是金融市场的开放度提高，资本市场的快速发展，尤其是加入国际世贸组织（WTO）以后，产融结合的发展迎来了各种发展"契机"。以著名的海尔集团为例，该集团在2001年开始涉足金融领域参股了青岛商业银行，之后又参股长江证券、鞍山信贷，又于2002年设立组建内部财务公司，还与美国纽约人寿合资成立了人寿保险公司，这个过程历时不足两年①。在如此短的时间内，海尔集团实现了企业集团和金融行业的全方位渗透融合。类似的鲁能集团参股华夏银行、湘

---

① 万良勇，饶静，万良涛. 关于我国企业集团产融结合的若干思考［J］. 金融与经济，2005（10）：50－51.

财证券、交通银行和蔚深证券，控股山东金穗期货和济南英大国际信托，拥有"鲁能泰山""山东国电"两家上市公司，同时获取了银行、证券、信托等多个金融业务的牌照，具有了较为完整的金融业务框架①。新希望集团也涉足了银行、投行、保险、证券等多个金融行业来满足自身的产融结合需要。还有中粮集团、五矿集团、宝钢集团等国有企业也是如此。产融结合的发展也不是看起来那么一帆风顺的，同一时期还是有较多的失败案例。其中最为典型的是"德隆危机"，德隆国际于2000年在上海浦东成立专注做金融股权投资，自注册成立伊始就开始了产融结合之路。其一度控制了数量庞大的证券、银行和非银行等多类金融机构，参股控股的金融机构最多的时期高达21家，金融版图遍布全国，是当时最为庞大的"金融帝国"和"金融神话"。以控股的屯河股份、合金投资、湘火炬全面跌停为导火索，于2004年"德隆危机"全面爆发。②"德隆危机"和国家信贷的收缩给当时的产融结合热潮带来了一定程度上的降温，产融结合进入冷却期。2013年中国大金融高峰论坛有企业家对这一时期的产融结合现象进行了总结："1994～2004年产融结合的日子并不是那么的好过，无论是哪种形式的产业资本投入银行、证券、保险里面都赚不到什么钱，其中2002年和2003年最为困难"③。

随着中国产融结合相关制度和法律法规的进一步完善，越来越多的企业被金融行业的巨额回报所吸引，这一阶段的产融结

---

① 胡恒松. 产融结合监管问题及制度创新研究［D］. 北京：中央民族大学，2013.

② 路春芳. 金融控股集团财务风险传导机理研究［D］. 焦作：河南理工大学，2009.

③ 和讯基金. 圆桌讨论三：产融结合，追求实效［EB/OL］.（2013－10－16）. http：// funds. hexun. com/2013－10－16/158794445. html.

合相对于初步发展阶段更多地体现为企业自身的意志，是出于对企业快速成长、追求产业协同效应和丰厚利润等目标的追求。

3. 恢复和繁荣阶段（2004 年至今）

2004 年以后，随着中国资本市场的快速发展，尤其是以银行业与证券业为代表的金融业的发展，极大加速了我国实体行业与金融行业间的股权融合过程，为我国产融结合提供了有利的市场环境，同时，国家产融结合有关监管部门对工商企业发展金融业务相关政策的态度也在转变，对工商企业产融结合发展模型逐渐默许，为国内产融结合的高速发展营造了有利的外部政策环境，如 2010 年，国务院国资委曾明确地对产融结合式发展的重要性与必要性予以充分肯定，对产融结合表示出明确的支持态度，国务院国资委有关人员表示，在确保安全的前提下，一些大的央企可以逐步探索产融结合的方式与经验①。2011 年中央经济工作会议提出"金融服务实体经济"原则②，2013 年中共中央提出"支持有条件的国有企业改组成为国有资本投资公司"③"允许更多国有经济和其他所有制经济发展成为混合所有制经济"④。此外，直接融资方式远超间接融资方式，为实体企业与金融业的融合创造了发展条件；国家对资本市场的大力支持，为产融结合创造

---

① 新华网. 央企产融巨浪：中石油"昆仑系"架构已然成型 [EB/OL]. (2011 - 04 - 20). http：//www. chinanews. com. cn/ny/2011/04 - 20/2985458. shtml.

② 董山峰. "金融服务实体经济"当防认识误区 [N/OL]. 光明日报，2014 - 07 - 10 (07).

③ 王会生. 明确功能定位 创新业务模式 加快国有资本投资公司试点步伐 [EB/OL]. (2016 - 06 - 24). http：//theory. people. com. cn/n1/2016/0624/c40531 - 28474348. html.

④ 卫兴华. 怎样认识混合所有制经济——兼评"国退民进"论 [EB/OL]. (2015 - 09 - 28). http：//theory. people. com. cn/n/2015/0928/c112851 - 27643481. html.

了更为广阔的制度空间；中国经济实力的增强，使我国在国际上的金融地位不断提升。各种外部环境的优化，使得不断壮大扩容的产业资本与金融资本加速渗透融合。中国产融结合迅速从整顿后的低迷状态复苏，并呈现出迅猛增长态势，中国产融结合进入全面发展阶段。

从目前国内实体企业与金融机构产融结合发展的实践看，国内产融结合目前已经形成浪潮，产业资本持有金融机构或上市公司的股份及设立财务公司等现象正在变得极为普遍。同时，产融结合总体上已经全面覆盖各个金融业务领域，如银行、证券、期货及信托等业务均有涉及。

2015年，伴随着"互联网＋"战略的提出，金融部门与非金融部门的边界进一步模糊，互联网、金融业与实体经济多层次融合的创新型合作模式出现，各方主体的转型与创新带来了新的变革。互联网金融在破解中小企业融资难题、激发市场运转活力、促进金融更好地服务实体经济方面有着突出优势，互联网金融开启了产融结合发展的新生态。"十三五"国家信息化规划也明确指出要综合运用多种政策工具，积极开拓投融资渠道，推进产融结合创新试点，探索债权股权结合的融资方式。2016年，国务院办公厅印发《国务院办公厅关于推动中央企业结构调整与重组的指导意见》，强调中央企业应该搭建产融结合平台，增强自身国际市场竞争能力，提高国际化经营水平，优化国有资本配置，实现转型升级。之后，国家发展和改革委、国家开发银行、工业和信息化部等部门也相继出台一系列指导意见，强调深化我国的产融结合发展，鼓励地方财政、民间资本、金融资本参与企业日常运营，引导金融机构金融产品与服务创新，深化制造与金融的有机结合。这些政策将我国产融结合的发展推向了一个新的高度。

3.1.2　存在的问题

基于以上我国产融结合发展历程可以发现，我国产融结合正在逐步走向成熟，并取得了重大成绩。但同时，从我国产融结合的现实情况来看，其发展仍处于初级阶段，总体来看还存在地方政府职能界定不清、金融监管不够健全、产融结合深度不够等亟待解决的问题。

第一，地方政府存在缺位与越位。改革开放以来，我国地方官员的提升与当地的经济增长状况紧密挂钩，因而地方政府对于促进企业发展和经济增长的各种方式都持开放态度。同时，目前开展产融结合的企业多为国有企业，因而产融结合的效果不仅关系到经济增长，还有着深厚的政治意味，因而地方政府对其更是关注。在实践中，地方政府通过各种方式，比如出台优惠政策吸引资本入驻、与大型企业集团进行对接等，促进地区经济快速增长，因而地方政府已成为产融结合的新驱动力，有些地方政府的 GDP 竞争有向金融创新竞争延伸的迹象。从积极意义上来说，政府的介入可以有力促进产融结合的开展，提高产融结合的效率，但也存在一些需防范的风险。一方面，这容易导致政府角色的越位，容易导致不同程度的"拉郎配""新瓶装旧酒"（平台公司转化为SPV 公司）、行政干预资金配置（财政担保）等现象，从而可能导致金融风险的产生。另一方面，在追求"短平快"经济增长的同时，地方政府更重视企业与金融机构的对接融合，但容易忽视对企业自身能力的强化。当前，地方企业杠杆率高企，地方政府在推动企业挖潜、管理水平、技术改造提升等供给侧"补短板"方面仍存在缺位。

第二，金融监管存在缺陷。我国金融制度框架的特点是以间接金融为主，出于防控金融风险的需要，对金融机构的监管非常严格。产融结合拓展了金融业的经营范围和模式，催生了不同于传统金融的新金融业态，因而自诞生之日起便受到金融监管的密切关注和政策调控。为了最大限度防范潜在的金融风险，金融监管部门往往对相关的金融创新采取较为严格的监管，在机构设置、市场准入、业务范围等方面采取较为严格的标准，很大程度上限制了产融结合和金融创新的空间，对产融结合具有一定的负面影响。由于缺乏相应的经验积累，监管机构在实际操作中难以把握最佳的监管取向和力度，比如如果企业集团参股、控股和设立金融机构，是应该鼓励还是不鼓励，限制还是不限制，还是可以采取"负面清单"制，政策没限制就可以实施，等等，目前均没有清晰的边界和行为模式。这不仅导致金融监管方面存在困境，而且导致开展产融结合的企业缺乏明确的预期，在业务开展方面畏首畏尾，很难实现最优水平上的融合。在这样的体制下，不同行业和领域有不同的监管主体，财政部门负责管辖金融业领域，而国有资产管理委员会则负责管辖产业领域，参与监管的还有中国人民银行、银保监会、证监会等金融监管部门。多元监管主体的存在使得不同领域的监管目标、监管标准、监管手段等并不统一，而产融结合情境下不同领域的业务融合在一起，这种分业监管的模式就容易导致对同一监管对象的多头监管，最终可能导致监管主体不明确或者出现重复监管，在监管目标、监管手段、法律依据、监管要求等方面可能发生某些冲突，容易导致监管的低效率和资源浪费。

金融监管存在的缺陷容易导致产融结合的风险外溢问题。当前，我国依然处于经济转轨与社会转型期，很多体制、机制尚不够成熟，产业结构的战略性调整与金融行业的改革深化等尚未最终完成，这种情况下如果企业在产融结合过程中采用激进、不规范的手段过度追逐短期利益就可能缺少制度的有力制约，从而产生一定的风险因素，比如金融行业内部系统性风险的传递、企业内部交易风险的发生等。企业盲目开展跨行业、跨市场、跨机构的金融业务，缺乏专业水平的金融运作叠加宏观经济形势的不确定性，导致部分企业发展能力不强，盈利能力低下，容易导致金融业务风险的累积与外溢。大量开展非持牌业务和监管"真空"地带金融业务造成风险敞口较大，增加了企业整体风险。金融领域原本就存在着由于市场、产品和机构等问题而引发的各种风险，产融结合可能放大金融领域本就存在的潜在风险，甚至最终出现不可控的局面。

第三，产融协同发展不足。产业资本与金融资本的"双轮驱动"，如果要真正达到二者之间的相互协同和促进，就必须实现两者的长期、深度融合。在产融结合过程中，产业和金融都必须围绕实现实体经济的高质量发展这一核心目标和定位，充分发挥各自的角色和作用，实现有效整合与协同，才能真正提高效率、创造价值。产融结合虽然为实现企业业务多元化、实现企业多业务协同、增强企业竞争力提供了重要途径，但也为企业追求金融高回报、脱实向虚提供了便利条件。金融控股公司如果忽视甚至脱离主业，将金融业务当成核心业务，并致力于通过提高金融交易频率进行投机性获利，则产融结合就偏离了正确的方向，会导致资金加速脱离实体经济，从而产生完全违背产融结合初衷的结果。有些企业对金融业务缺乏必要的顶层设计，对金融业务定位模糊不清，而有些企业则缺乏金融业务发展的明确目标，对开展金融业务的目的、作用以及需要哪些类型的金融业务、如何管理好金融业务等问题认识不清。还有企业过度追求短期的金融投资收益，发展与主业关联度不高的金融业务，产融结合浮于表面，没有真正发挥金融产品研发、金融服务平台搭建对主业发展的促进效应。许多产业集团在进军金融领域时所关注的往往是短期盈利的需要，而并非共同成长和形成真正一体化的有效经营与发展机制。不同的动机产生不同的后果，只有企业坚守金融服务于实体经济的初衷，不断强化主业的实力和竞争力，产融结合才能产生预期的效果。一旦企业的动机出现问题，便会放大产融结合的风险。

同时，现行的法律与政策框架也在一定程度上限制了产业资本与金融资本的协同与互补。比如《中华人民共和国商业银行法》所规定的相对单一的"由产到融"的发展路径，以及金融业的"关联交易限制"，都对产融深度融合造成了一定的制约。在产融结合过程中，企业自身的经营能力及防范风险的能力极为重要。但从实践来看，很多企业整体的管理水平有待提高，在治理模式、组织架构、运行机制、管控体系等方面还不能适应金融业务发展的需要，难以实现对金融业务的专业化运作和集中统一管理，投而不管、管而不控、管控失效等问题突出。很多企业金融业务人才储备不足，尤其是既懂金融又具有实体企业战略规划、生产经营、文化建设等管理经验的人才严重不足，在产融结合的切入点、产品选择、服务方式以及风控规则等方面难以开展有效管理。有些参与产融结合的企业业务状况不佳，主业不强，在产融结合过程中并不能充分发挥金融资本对主营业务的促进效应，甚至还会因为企业的投机因素产生更大的经营风险。

3.2　产融结合主要模式

已有研究对产融结合模式有着不同的划分依据，部分国内学者根据国别划分而总结出"德国模式"与"日本模式"。部分学者根据银行业务经营制度划分总结出"专业化"与"全面化"两种类型。更为常见的是，根据各个经济主体在产融结合过程中的相互关系，将产融结合划分为政府、银行与市场主导型等三类主导模式。

3.2.1　政府主导型模式

在政府主导型产融结合发展模式中，政府以特定的产业政策为指导，在储蓄—投资转化过程中发挥主导作用，通过将产业发展和金融支持相结合，优化经济结构，最终实现经济的高质量增长。

政府主导型产融结合模式，相比较于其他模式而言，更为契合起步较晚与经济发展水平相对较低的发展中国家。计划经济时期的中国以及苏联与东欧的社会主义国家等都将政府主导型产融结合模式视为中央经济计划体制的重要组成部分，以满足国家经济发展与金融资本和产业资本的配置需要。我国在 1949～1978 年间，金融资源短缺，经济基础极为薄弱，为满足国民经济对资金资源的需求，政府通过主导产业资本与金融资本的融合与配置，较好地满足了国民经济快速发展并实现赶超的战略需要。上述采取中央计划经济体制的国家，在实施了经济改革和体制转型之后，政府主导型的产融结合模式也在一定程度上进行了不同幅度的调整。

然而，采取政府主导型的产融结合发展模式，也会在一定程度上扭曲金融资本与产业资本的配置，造成经济体的低效问题。大量学术研究表明，中央计划经济体制的"指令经济"，存在着政策连续性较差与低效率等问题。因此，在计划经济体制大背景下的政府主导型产融结合也存在着明显的不确定性与信息不对称问题。具体而言，在我国计划经济时期，信贷资金等金融资源与常规产品一样均属于计划配置范围，银行信贷资源仅作为政府产业政策与财政政策的附属物，因此，在经济运行过程中并不存在真正意义上的金融交易关系。僵化的指令分配机制扭曲了资源配置，重复、低效的经济运行与资源配置方式也必然导致寻租等"副产品"。即便在经济改革和体制转型之后，计划经济体制仍在金融与市场体系上留有深深的"烙印"。例如，扶持性金融政策、对商业信贷的指导与管控等仍是政府保障国有经济稳定运行的重要手段。随着计划经济向市场经济转轨，金融体系不断改革、发展与市场化，单纯的政府主导型的产融结合模式也渐渐演变成"混合型"产融结合发展模式。

3.2.2　银行主导型模式

银行主导型产融模式主要以商业银行为中介机构。在间接融资体系中，商业银行根据市场信息指标反映的不同经济主体间资本的余缺状况，借助金融工具主导着资金在不同经济主体间的配置，将资本以贷款的形式配置到企业中，在经济体储蓄向投资转化的过程中发挥主渠道作用。通常，商业银行会通过股权与债权相结合的方式，实现金融资本向产业资本的渗透，最终掌握企业控制权，实现对产业资本的控制。

银行主导型产融结合模式通常以银行主导型金融体系为基础，因此，采用银行主导型产融结合模式的国家，往往需要相对较发达的银行体系以支撑金融体系的有效运转。同时，银行主导型产融结合模式的形成也需要较高的储蓄水平，以保证商业银行能吸收足量的储蓄资金以维持整个间接融资体系的运行，同时，也需要明确的投资计划对经济体中的投资予以必要的引导，以提高经济体的运行效率。因此，较高的储蓄水平与明确的投资计划是银行主导型产融结合模式发展的必要前提。

日本是采用银行主导型产融结合模式的典范之一。相比较于英美等发达国家，日本证券市场发展程度较低，证券市场融资难以满足企业的资金需求，同时，由于政府的利率管制，企业自由资金比率也相对较低，因此，日本企业的直接融资比例相对较小，为满足企业的投资需求不得不依赖于银行融资。可以说，日本经济发展过程中，独特的主办银行制度发挥了至关重要的作用。尤其是在二战以后，日本大量企

业陷入了严重的财务危机，在此期间，商业银行通过发放信
贷等方式对企业提供金融支持，在整个经济体系中确立了主
导性的地位，并与企业形成基于信用的相互委托监督的特殊
关系，形成"关系型融资"网络，经由逐步建立的密切联系
实现对企业的掌控。

　　1950 年末至 1970 年末的 20 年，银行资本与产业资本紧
密结合的模式对日本经济维持高达 10% 的经济增长率的经济
奇迹起到了重大作用，银行主导型产融结合模式成就了日本
经济的高速发展①。但在 90 年代日本经济泡沫破灭以后，银
行主导型产融结合模式的弊端逐渐显现，经济增长停滞。事
实上，银行主导型产融结合模式形成的"关系型融资"网络
从宏观角度有利于政府宏观调控经济与推行产业政策，从微
观角度有助于降低企业交易成本与优化公司治理结构，进而
有效推动日本取得经济增长奇迹。但同时，一方面，形成的
主办银行与下属企业的利益共同体关系，会加大经济的系统
性风险；另一方面，利益共同体会强化垄断现象，不利于创
新和新兴产业发展，导致竞争性缺失。银行资本与产业资本
紧密结合的模式在促进日本经济发展的同时，也有着天然的
不足，是日本在特有国情下与特殊时期下的产物。

3.2.3　市场主导型模式

　　市场主导型产融结合模式意味着，商业银行、保险公司

---

　　①　余燠宁. 融资：促进日本经济发展的重要模式 [EB/OL]. (2001 - 11 - 06). http：// japan. people. com. cn/2001/11/06/riben20011106_13268. html.

与投资银行等金融中介均为市场的参与者，产业部门的融资需求可通过多种融资渠道满足，不存在对特定融资渠道的过度依赖，换而言之，即不存在占绝对主导地位的特定融资渠道。市场主导型产融结合模式中，资本市场与货币市场等金融市场在储蓄的吸收与向投资转化的过程中起着基础性作用，高度证券化和自由运行的资本市场能有效推进金融资本与产业资本的相互融合与转化。

以美国为代表的市场主导型产融结合模式因为金融工具与渠道的多样化，在促进企业规模的集团化发展方面极为成功。市场主导的产融结合模式具有以下三个特征：

（1）在市场经济体制条件下，金融机构与工商企业等市场主体均位于同等地位，相对充分的市场竞争环境有助于提升资源配置效率。

（2）信用体系和交易规则提高了信息透明度，有效满足了工商企业的融资需求。

（3）市场需求为导向的投资机制，有助于市场主体识别和规避风险。

但是应当认识到采取市场主导型产融结合模式所需要的基本条件。对广大发展中国家而言，产业证券化与金融市场化水平相对较低，政府在市场中的功能与相关的制度体系均存在较大的差异。

3.3　产融结合动因

产融结合基础理论从马克思的资本积累及信用理论到列

宁的金融资本理论，之后再到西方经济学的交易费用理论和
信息经济理论，其理论发展经历了从本质到现象的认识过
程。虽然已有研究对产融结合内在动因研究仍存在不足，但
其中的许多科学论断在现代经济社会仍然是真理。以下我们
借助马克思主义政治经济学分析方法、制度经济学分析方法
以及西方有关经典理论对产融有效结合的动因问题进行深层
探讨。

3.3.1　获取超额利润

依据马克思超额剩余价值理论，产业资本在规模扩大条
件下获取绝对剩余价值，在技术进步阶段获取相对剩余价值，
而在资本不断集中过程中获取垄断利润。在知识经济时代，
企业能通过开发新产品、创造品牌优势等行为创造所有权优
势，获取垄断利润，这种由所有权优势引起的垄断利润是垄
断利润的主要形态，也称为产业垄断利润。

垄断利润是驱动产融结合的根本动力，为获取高额利润，
分散的资本在其演进与更迭过程中会不断集中，最终资本突
破原有模式，形成集中性资本。同时，资本的集中性与规模
均会随着资本的发展而以更快的速度提高，从自由竞争走向
垄断。在金融业完善过程中，银行信用将成为商业企业发展
壮大的重要工具，进而加深商业企业对商业银行的依赖。在
这一过程中，越来越多的产业资本将会集中于银行，进而加
深金融资本对产业资本的控制，金融资本与产业资本的渗透
融合是产融结合的原动力。拉法格通过对托拉斯垄断形式的
阐述提出了"金融资本"的概念，奥地利经济学家鲁道夫·

希法亭在其专著《金融资本论：金融资本与自由竞争的限制》中对"金融资本"进行了更为详细的阐述。

随着社会的快速发展，企业竞争更加激烈，进而诱使生产高度集中，为垄断大型企业发展创造了有利条件。反过来，垄断的产生与发展又会对企业组织形态产生影响，企业从原来的单一形态逐步向康采恩、托拉斯、卡特尔等巨型企业集团形态转变。而巨型企业集团带来的社会闲置资本又为银行业规模扩张提供了物质基础。在这种大背景下，银行业也迅速发展，并开始不断集中，最终使得银行的组织形式发生变化，形成大型垄断银行。现代超大型银行与巨型化企业集团的出现变革了传统企业与银行的交易关系。在资本主义自由竞争阶段，中小微企业在市场中占据绝对优势，银行在这一时期也仅为企业办理存取款和结算业务，充当社会范围的公共记账簿，同时，银行对工商企业的贷款也是小规模、短期且分散的，银企信贷关系也并不确定。

但随着银行业的不断集中，银行组织形式不断变革，现代超大型银行开始出现。大型垄断银行不断地将资本集中并以多种方式与渠道贷款给工商企业，银企关系也开始走向长期化与稳定化，银行资本高度集中后，为了实现资本的再增值，贷款给工商企业也是其唯一出路。银企交易关系的长期化与固定化必将导致银企关系从外在信贷联系走向内在产权融合，实现产业资本与金融资本的渗透融合。一方面，工业资本为了获取稳定资金来源以及维持与银行的长期固定交易，通过购买银行股票与创办新金融机构逐步向金融业渗透；另一方面，银行资本通过购买工商企业股票与开办新企业逐步实现向产业资本的渗透。随着产业资本与金融资本互相渗透融合，银行与企业在这一过程中相互制约、相互影响，并不断深化，日益融合。

依据价值理论，资本的本性是要追求增值盈利的。产融结合作为企业的一种资本组织形式，其根本目标也是追逐利润最大化，换而言之，产业资本与金融资本互相融合渗透是资本逐利的本性使然。可见对超额利润的追求是工商企业与商业银行不断渗透、联合、发展，最终实现产融结合的根本动因。

3.3.2　降低交易成本

经济学认为，除了交换自由之外，要使市场有效地配置资源，交易成本概念不可或缺。经济学家科斯最先提出交易成本的概念。依据科斯定理，如果交易成本为零，则生产和交换活动无论如何配置，资源的使用效率都将相同。但各种制度与组织导致信息成本、拟定契约成本、界定产权成本、监督管理成本与谈判成本，使得工商企业与商业银行在市场交易中面临着较高的交易费用，因此，必须把生产和交换活动视为在交易成本约束下最优化问题。

从狭义上看，交易成本指的是完成一笔交易所需花费的时间与精力成本，尤其是当交易涉及多个参与者、多个地点时，这种成本会很高。过高的交易成本会阻碍市场的有效运行，降低资源配置效率。从广义上看，交易成本指的是协商谈判和履行协议需要的各种资源成本，如谈判时产生的时间成本与防止谈判各方欺骗行为的成本等信息成本。无交易成本是一种理想情况，在现实生活中是不存在的，因此，科斯定理的交易成本论着重强调在最大程度降低交易成本。

　　工商企业和金融机构在生产经营中位于不同的经济地位，两者之间资金关系本质上是建立在债权—债务契约基础上的资金借贷关系，因而，两者间在交易的过程中面临着较高的交易费用。从企业角度看，交易费用主要表现为企业在与金融机构建立长期交易关系过程中所面临的"沉没成本"。这一交易费用主要集中在融资行为过程中，包括融资的信息搜寻成本与金融机构的谈判成本，借贷关系发生时的融资成本，以及融资过程中金融机构机会主义行为造成的未知损失等。从金融机构角度看，这一交易费用主要表现为信息非对称性所产生的信息搜寻成本、监控成本与企业还贷风险造成的利益损失等。随着资本规模的扩大，企业对资本的需求量也会不断加大，企业与商业银行之间的交易频率也会大幅增加。相比较于外部市场的交易费用而言，企业内部管理费用相对较低。如戴蒙德（Diamond，1984）从理论上证实，当实体产业与金融机构间资金借贷行为交易费用高于企业或者银行内部管理费用时，企业与银行就有趋势进行金融市场内部化。后藤彰（Akira Goto，1988）也研究证实，以银行为核心的银企一体化的经营体系可以有效降低交易费用，提高企业竞争力。因此，银企关系的日益密切会促使产业资本与金融资本从外在信贷联系走向产融结合，最终建立起长期化与稳定化的银企交易关系。

3.3.3　缓解信息不对称

　　依据制度经济学，投资者与经营者之间存在委托代理关系，投资者可以在不参与企业日常经营管理活动的情况下，通过市场方式获取投资收益。但在市场经济活动中，投资者与经营者对有关信息了解存在偏差，经营者在缺乏投资者有效监督的情况下，有动机隐藏经营投资相关的关键信息，因而投资者对经营者的经营活动信息与企业的项目投资信息并不是完全了解，即使知道，这些信息也可能不全面或者是假的，换而言之，投资者与经营者之间存在信息不对称问题。这种情况下，经营者为了利益最优化就有发生逆向选择行为或道德风险的可能性，进而损失委托人利益。

在企业与金融机构交易关系中，金融机构更清楚其服务能力、信贷期限结构、企业贷款能力等各种信息；工商企业则在其生产经营情况、信用贷款投向、贷款偿还能力与信贷资金风险等方面更具信息优势。在金融机构与工商企业拥有的信息量存在差异的情况下，金融机构与工商企业间较容易产生机会主义、逆向选择与道德风险等问题。而产融结合作为金融机构与工商企业互相了解与渗透的方式，两者通过产融结合能形成较为稳定的治理机制，帮助金融机构与工商企业实现生产经营与信用贷款中的信息沟通与共享。如斯坦（Stein，1997）认为产融结合可以缓解信息不对称问题，为企业营造具有信息优势的内部资本市场。许天信（2003）等认为产融结合能够促进金融机构与工商企业间的了解、依赖，进而极大消除企业与银行之间的信息不对称。庄仲乔（2019）认为产融结合可以缓解资金供给方与需求方间的信息不对称，便于实体企业信贷资源获取，进而促进实体企业高质量发展。随着实体企业与商业银行、产业主体与金融主体间的产权结合，两者间的信息沟通与交流加强，相互之间也更为了解与熟悉，甚至做到实体企业主体既有产业业务，又有金融业务。如此，产业资本与金融资本间的信息不对称问题将得到最大限度地缓解，实体企业与金融机构将更完全有效地获取对方的信息，实体企业与金融机构间的信息不对称带来的成本增加问题也能得到较好的缓解。

3.3.4 优化资源配置

依据公司资源基础理论，不同的企业在资源充裕度上存在差异，同时这些资源在企业间是不可流动与难以复制的，这些不可流动与难以复制的独特资源构成了企业自身的竞争力源泉。金融资源是企业投资与创新的关键资源，可以为工商企业带来持续的竞争优势，然而，金融行业进入与退出壁垒较高，垄断程度较高，因而，实体企业获取金融资源的代价相对较高，影响了企业的金融资源配置效率。实体产业可以通过产融结合渗透到金融行业，低成本获取金融资源，有效发挥金融资源对企业投资创新的支持作用，有效实现金融资源的优化配置并形成自身的持续性竞争优势。事实上，无论是"由产到融"抑或是"由融到产"，金融资本与产业资本的互相渗透融合本身就是符合市场经济发展规律的现象，两者互相融合发展就是一个寻求成本最小化与利润最大化的经营与发展过程。从现有研究看，产融结合能大幅变革相关生产要素的配置路径与机制。

从工商企业角度，企业集团在产融结合发展过程中，依托主业开展相关金融业务，不仅实现自身规模的扩张，也实现品牌商誉等无形资产的扩张，显然，这一阶段在优化金融资源配置的基础上，还实现了人力资本与科技等方面的进一步发展。如蔺元（2010）等实证发现，传统实体企业为了追求利润最大化，更倾向于产融结合，将空余的产业资本投入高利润率的金融行业之中，以更好地实现自身的创新发展。从金融机构角度，金融行业作为一个拥有高额利润的行业，可集中大量闲置分散的资金，不断吸引着金融资源从低利润行业向其转移，这显然是一个对资金资源配置优化与帕累托改进的过程。综合来讲，产业资本与金融资本的渗透融合发展，不仅为公司企业与金融机构带来了发展机遇与挑战，也在一定程度上变革了整个行业、市场，甚至是国民经济体系。产融结合通过加剧市场竞争，使得金融资源在不同行业领域快速流动，实现了整体上的资源配置优化与帕累托改进。

3.3.5 实现协同效应

依据协同效应理论，产融结合通过促进实体企业与金融机构的协同系统化，产生巨大的协同效应。即无论是对实体企业还是金融机构而言，两者产融结合后的整体效应会大于产融结合前实体企业与金融机构的效益之和。产融结合之所以能够产生协同效应，主要原因在于实体企业与金融机构两者位于不同的行业之中，由于业务的互补性，两者可以实现优势互补。

一方面，从财务角度，产融结合以后一旦有一方业务收益下降，可以用另一方的业务收益来弥补，同时，由于实体企业与金融机构的经营资源与能力的不同，两者日常经营活动的边际收益和边际成本并不一致，因此，实体企业与金融机构可以通过产融结合平抑自身的利润规模，使得自身在最优化利润规模下纳税，实现合理避税。另一方面，从经营协同角度，对银行而言，规模经济对金融机构提高金融服务效率至关重要，产融结合可以在金融服务实体经济过程中产生规模经济，进而降低成本，实现成本集约化。对企业而言，在同一金融机构办理一系列组合业务比在不同金融机构分别办理各项金融业务更节约时间与研究成本。因此，企业通过谋求跨行业经营，充分利用其各种资源，削减不必要的开支，节约管理成本，同时，还能利用金融企业信息优势、人才优势与技术优势，进行融资咨询服务，提高金融资源运作效率。

综上所述，实体企业与金融机构的协同效应主要体现在以下三方面：一是产融结合后会在各自领域产生范围经济，两个部门的核心资源和竞争力将得到进一步延伸。二是产融结合后，原有产业资本与金融资本的规模将进一步扩张，规模扩张下的产品成本降低将带来规模经济。三是实体企业与金融机构原有的金融资源与人力资源等在重组合并后将进一步精简与细化，实现资源配置效率提升。

3.4 产融结合影响因素

3.4.1 宏观层面

1. 政策因素

我国政府一直强调实体经济的高质量发展，从多方面采取措施，确保金融资源有效流向实体经济，抑制社会资本脱实向虚，经济过度空心化问题，在企业产融结合有效开展的过程中扮演着重要角色。具体措施如下：

一是设定产业型企业涉足金融机构门槛。通过对企业成立财务公司的业务范围、资金充足率、注册资本等进行严格限制，确保只有运行良好、资金雄厚的大型企业集团才能依托财务公司进行产融结合，一定程度上限制了产业型企业向金融领域的盲目扩张，降低了产融结合风险，有利于金融业健康稳定发展，同时，也有利于产业型企业的风险控制，对产融结合效率的提高有积极意义。

二是完善产融结合的金融监管。产融结合下，产业型企业能通过参股金融机构，以更低的融资成本获取资源，商业银行等金融机构则能获取充足的资本金与稳定的市场、客户资源，更好地开展金融业务，因此，产融结合的本质是风险分担下的利润与资源共享。但产业资本与金融资本的结合本身就存在诸多不协调因素，金融监管可以有效限制产业型企业参股金融机构的违规资本运作，降低产融结合风险，进而提高产融结合效率。

三是政策引导与规范。国资委密切关注央企的产融结合风险，引导国企产融结合的合理化与规范化。在保证业绩与风险控制的前提下，推进金融资本与产业资本在企业集团内部的融合，进而提高产融结合有效性。

2. 金融发展

产融结合具有资金需求量大、不确定性与风险较高等特点。金融机构的金融支持，尤其是商业银行的金融支持，是工商类企业获取金融资源，分散金融风险的主要渠道，因此，金融发展与产融结合效率密切相关，是影响企业产融结合效率的重要外部因素。

金融支持主要可以通过两个渠道影响企业的产融结合效率。一是较好地动员民间投资资金，并以借贷的方式贷款给企业缓解企业自有资本不足的问题。产融结合需要大量资金作为支撑，然而企业自有资本无法较好地满足产融结合的资金需求，金融发展可以拓展企业的融资渠道，更容易获得长期贷款以支撑产融结合。二是建立风险投资机制，产融结合具有很高的不确定性和风险性，企业参股存在着亏损风险。

金融发展一方面可以为产融结合企业提供金融咨询服务，提高参股资金的运营效率。另一方面，还能为产融结合企业提高风险分散服务，对不同程度的风险项目进行投资组合和风险分散，降低产融结合中的系统性风险。

3.4.2 微观层面

1. 产权性质

产权性质与产融结合之间存在密切的关联。不同产权性质的企业激励与约束机制不同，管理模式和治理结构有所差异，在企业融资、历史负担、行业进入退出方面的待遇也不尽相同，这使得国有企业与非国有产权产融结合效率也存在较大的差异。刘小玄（2011）研究发现，国有企业产融结合效率同个体私营企业、股份企业与三资企业等相比偏低。林毅夫等（2009）认为，国有企业在实现企业利润最大化的基础上，还承担着政策性负担，进而导致企业利润目标扭曲，降低国有企业经营效率。刘元春（2001）等认为，产融结合国有企业效率下滑是社会福利费用负担、税收负担与财政贡献等因素共同作用的结果。

也有部分学者认为，产融结合的主体都是具备一定经济实力的大型公司，相比较于民营企业，国有企业资金雄厚，抵御风险能力较强，在产融结合方面具有天然优势（易兰广，2016）。同时，国有企业普遍具有明晰的产权制度、较为合理的内部控制体系与公司治理结构，产融结合后，能平衡好产业扩张与金融扩张之间的关系，将风险控制在合理水平之内（李茫茫，2018）。

2. 企业规模

已有研究表明，企业规模是产融结合效率的重要影响因素。一方面，从企业资源角度。企业产融结合需要大量的金融资源支持，在激烈的竞争环境下，金融资源获取难度大，对高技术制造业而言更是如此。大型企业资金充裕、利润丰厚、运作稳定、前景较好，竞争优势也相对更为明显。此外，企业规模与企业当地的影响力也存在正相关关系，政府对规模较大的企业有着更多的优待与信任，因此，大规模企业在融资方面和项目审批方面也更容易获取银行的支持。

另一方面，从企业创新能力方面。中小企业的研发能力相对较弱，从事研发活动容易面临瓶颈，一般没有能力独立从事技术创新与改造，只能从事技术要求相对较低的模仿创新或是采用市场上已经使用或是淘汰的技术。但从企业灵活性角度，小型企业反应灵活，为劳动力支付的价格远低于大型企业，也不需要承担过度的政府压力与社会责任，经营目标相对纯粹。因此，企业规模对高新技术企业产融结合有效性的影响存在着不确定性。

3. 参股金融机构的比例

根据已有研究，产业型企业在金融机构中的"话语权"是产融结合型公司参股金融机构水平的函数。持股比例相对较低的产业型企业并不能参与金融机构的经营决策，无法利用金融资源加速自身的主业务发展，只能分享金融企业的经营利润。持股比例相对较高的产业型企业，特别是拥有对金融机构控制权的产业型企业，则可以通过"用手投票"机制左右金融机构的经营决策，真正参与金融机构的日常经营与管理，更好地满足自身发展壮大的需要。如蔺元（2010）等研究发现，产融结合型公司持有金融机构股份的比例会影响产融结合效率，并认为存在使产融结合发挥最佳作用的最低参股比例，即存在产融结合临界值，当参股比例低于临界值时，产融结合为短期投机行为，收益较低，而当参股比例高于临界值时，参股企业会获得显著正收益。

4. 参股金融机构的类型

不同金融机构的发展水平、风险强度、运作模式与资本要求均存在差异，同时，参股不同金融机构还与企业自身资金实力与金融布局密切相关，因而，参股不同的金融机构会给参股制造企业的产融结合效率带来不同影响。已有文献研究了参股商业银行、成立财务公司、参股证券公司与参股保险公司等不同产融结合方式的产融结合效率。姚德权与王帅（2011）的研究表明，商业银行收入来源相对稳定，因此，参股商业银行能为参股的上市公司提供稳定的收入来源，进而提高产融结合效率。周洪武（2002）等研究表明，成立财务公司的企业能更好地监控与化解财务风险，有助于企业以财务公司为平台进行风险把控。参股证券公司可以节约参股企业的证券发行成本，为参股企业带来诸多便利，但由于证券公司受股市行情影响较大，参股公司也存在较大风险，因此，可能会对企业产融结合效率产生不利影响。姚德权与王帅（2011）研究了参股保险公司的上市公司运营绩效，研究发现参股后，参股保险公司通过集团化改造、上市与公司治理结构优化，提高了经营绩效，此外，参股保险公司的企业也具有相对较高的效率值。

产融结合效率受到多种因素的综合影响，从现有的相关文献来看，影响因素研究从产融结合主体的内部因素与产融结合外部环境因素两方面展开。现有文献主要从内部因素研究产融结合效率，基于此，本书将从分工理论、微观企业与宏观政策三个视角分别研究劳动分工、金融支持与税收政策等外部环境因素对产融结合效率的影响。

3.5 国外产融结合特点与启示

产融结合即产业资本与金融资本互相影响与渗透的过程，在相互依存、互相配合中实现共同发展，一般而言，主要通过股权参与等资本结合方式实现实体企业与金融机构的产权结构、人事参与、治理制度等方面的相互渗透与融合。在不同的社会、经济、文化条件下，产融结合的影响因素、发展模式与推进策略也不尽相同。

3.5.1 美国产融结合的特点

在美国，随着金融资本向产业资本或产业资本向金融资本的融合与相互转化，出现了一些产融型的企业集团。产业资本向金融资本转化以洛克菲勒财团为代表。老洛克菲勒于1863年与人合资开办的一家炼油厂，在1865年通过贷款收购了合伙人股份，并在1882年将美孚石油公司改组为美孚石油托拉斯，确立了他在美国石油工业中的垄断地位。之后，洛克菲勒于1891投资控股花旗银行，并将花旗银行作为资金融通中心，通过其控股银行与保险公司的金融力量渗透其他主要工业部门，形成以产业资本为主、产业与金融资本相融合的产融型企业集团。金融资本向产业资本转化以摩根财团为代表，摩根财团前身是老摩根与人合办的德雷克塞尔—摩根公司，该公司1872年与美国第一银行协同经营，控制3家银行与3家人寿保险公司。1897年，通过包销政府债券、兼并其他商业银行和非银行金融机构等方式发展拓宽了其金融业务，大大增强了自身的金融实力。并在之后投资创办通用电气公司、组建了联邦钢铁公司逐渐向工业渗透，至1910年，已直接控制了美国4大铁路公司。[①]

第二次世界大战后，社会生产力急剧变化，美国产融结

---

① 郭超.1960−1980年美国财团研究［D］.开封：河南大学，2011.

合呈现出了新的特点。

一是产权关系。在美国，大公司往往拥有数以万计的股东，但大公司里的最大股东的持股份额一般也不超过5%。在现实经济中较为普遍的情况是大公司被几家大金融机构联合控制，但也少量存在一家公司被一家大金融机构占绝对优势控股。20世纪60年代后，随着美国社会生产力的发展与资本社会化程度的提升，一些大财团瓦解，但这不意味着社会产融结合水平的下降，相反，这恰恰说明随着在产融结合的发展过程中，其不再拘泥于原来的领域，控制范围不断扩大，产业资本与金融资本不断网状式地融合。网状式的大公司与银行便是新的产融结合实体。

二是联合控股。美国在1929年经济危机之后，相继出台了《证券交易法》与《格拉斯—斯蒂格尔法》，强调商业银行业务须与投资银行业务分开，即商业银行不能从事发行、买卖有价证券等投资银行业务，只能从事中短期贷款、存款和买卖政府债券等商业银行业务。两法案在一定程度上限制了商业银行对其他产业的渗透和控制，变相催生了一些变通的产业资本向金融资本转化方式。

（1）银行控股公司。银行控股公司通过持有一家或多家银行25%以上的投票权，进而控制持股银行的董事会选举以对银行经营决策施加决定性影响。银行控股公司可以开展银行业务与非银行业务并实行银行兼并，因此银行控股公司逐步成为美国银行业主要的组织形式，到1950年为止，几乎所有的大银行都归属银行持股公司。而之后颁布的《银行控股公司法》限制了银行控股公司的发展，但之后又将管理权下放各州，各州签署协议允许对方银行的持股公司在本州设立分支机构，为银行控股公司创造了有利条件。至 1994 年，克林顿政府对银行控股公司跨州设立分支机构取消限制，银行控股公司得以迅速发展。银行控股公司模式加速了银行业的集中，为工商业与银行产权交易创造了条件，加速了金融资本向产业资本的转化进程。

（2）商业银行信托部。1933 年，美国颁布的《银行法》禁止商业银行向企业投资与持有企业股份，但银行的信托部门可以以信托的名义在证券市场上进行证券交易，代理客户买卖股票和证券，间接参与企业股票与债券的买卖。随着金融业竞争的加剧，商业银行纷纷通过信托部门实现对其他产业的投资、参股与控股，通过信托资产，银行信托部门拥有了大量的企业股票，凭借着其信托部门的投资实现对企业大量股票的掌握，以这种方式间接控制了参股企业。美国商业银行信托部通过持有实体企业的股票实现了金融资本向产业资本的转化。

3.5.2 德国产融结合的特点

第二次世界大战之后，德国的大垄断组织在形式上实行了分散，垄断资本的实力进一步削弱。但随着德国经济的复苏，垄断资本也实现了迅速的恢复。金融资本与产业资本在集中的过程中相互融合生长，产融结合迅速发展。相比较于其他国家，德国未对银行过多限制。因此，德国商业银行可以在非银行企业中大量持股，在产融结合过程中，德国银行不仅垄断了金融市场中证券的发行与转让业务，还投资参股与控股工商企业，更有甚者，还通过兼任工商企业董事的方式直接参与工商企业的决策。截至 20 世纪 80 年代，德国各大银行在 90 家主要股份公司的监事会中共派有 195 名代表，其中有些代表还占据主要席位①。

德国作为二战战败国，其在二战前后经济与社会均发生了显著变化，产融结合也呈现出一些新特征。

一是主持银行模式。所谓的主持银行模式即对公司持股或贷款的最大银行通过贷款与向公司派遣监事等方式与公司保持密切、持续的交易与沟通关系，进而有效获取持股公司内部消息，对公司日常的经营与管理进行指导与监督，虽然主持银行与公司保持稳定的交易关系，但其对持有公司的股票的交易相对较少。

二是银行直接产权投资。依据德国现有银行法，银行可以依法持有公司股权，只需保证控股的比例低于银行自有资本的 50%。德国银行法的相对宽容，为银行持股公司股权留下了巨大空间，因而使得德国银行参与企业股权的资本数额较大。以德意志银行、德累斯顿银行和德国商业银行三大银行为例，三大银行虽然涉及的企业并不算多，但三大银行在单个企业中的股权比例均较高。大银行在大企业中的高投资比例使得银行在企业日常经营管理中拥有决策权，因而企业也依赖于银企之间的关系进行企业性融资，市场性相对不足。

三是银行的企业投票权。德国银行持有企业较大比例的股权，且拥有超越股权的更多投票权。由于产权的实施成本问题，大部分非银行投资者常委托银行代理行使股票的投票

---

① Theodor Baums. 德国的银行体系及其对公司融资和公司治理的影响［M］. 北京：中国金融出版社，1998.

权，因此，银行具有大量的委托投票权参与企业日常的经营与管理决策。这种委托投票制度为银行行使自身股权投票权之外的投票权提供了极大的便利。

四是银行对企业的人事参与。德国银行基于产权与投票权对企业进行人事参与，取得企业控制权，并在企业治理中发挥重要作用。监事会是德国公司的最高决策机关，根据德国公司的制度，银行只需拥有公司10%以上股份，即可要求在监事会中得到一个席位。因而，德国银行在其投资的大企业监事会中拥有的席位相当可观，德国的大银行特别是三大银行在企业中的投资数量大而集中，作为绝对的大股东，其代表占有大量监事会席位，据统计德意志银行在大公司的监事会中拥有超400个席位。不仅如此，由于大银行持股最多，大银行派往企业的代表往往成为监事会主席，通过影响与控制企业高层间接控制企业与参与企业经营。

3.5.3 日本产融结合的特点

第二次世界大战之后，随着日本经济逐渐恢复，产业资本与金融资本迅速发展和壮大，两者的转化也更加明显，一些大型产融型企业集团逐步出现，如三井集团、芙蓉集团、三菱集团、住友集团、三和集团与第一劝业集团等，产融结合得到进一步发展。大型产融型企业集团都有着自己的核心大银行，集团内部的重要大企业相互交叉持股，实现对本集团内部企业的绝对控股。以第一劝业集团为例，在20世纪90年代前，第一劝业集团内部企业之间的持股比例并不高，据统计，1989年第一劝业集团内部企业持股比例仅占其全部股票总额的

12.03%，其他产融结合型产业集团也类似，内部企业持股比例均不超过20%，大公司的绝大部分股份往往为个人持有，财阀家族个人占有较大的比重①。二战后，企业法人逐渐成为产融结合型产业集团股份的主要所有者，截至1972年，公司法人持股比例增长至64.9%，个人持股比例下降至32.9%，其中，33.8%的股份比例由金融机构持有②。由此可见，产业部门与金融部门之间的融合日益密切，产融结合发展迅速。

在这一过程中，日本产融结合发展出现了一系列新特点。一是主力银行模式。在日本，企业会同时向多家银行申请贷款，因而，企业的股份也为多家银行共同持有。在这多家银行中，仅有一家银行承担着对企业监督的责任，监督的银行也被称为主力银行。相比较于其余关联银行，主力银行不仅与企业维持长期稳定的持股与人员派遣关系，也是资金筹措与运用过程中容量最大的银行。在企业重组时，银行拥有主导权，当企业面临财务危机时，主力银行模式也须出面救援。在关系的维护过程中，企业有义务向银行提供企业具体的经营与管理信息，在必要时主力银行可以参与持股企业的公司治理。

二是大银行为金融资本集中中心。第二次世界大战前，日本最高权力机构是被财阀控制的总持股公司，银行在产融结合过程中的作用相当有限，仅有少部分金融资本实现对产业资本的渗透与支配，产融结合表现出带有浓厚封建关系色彩。第二次世界大战后，银行与工业资本相互持股中，银行开始居于主导地位，越来越多的产业资本愈发严重地依赖金

---

① 李翀，曲艺．美日德产融结合模式分析［J］．金融与经济，2012（6）：58－62．
② 资料来源：日本相关年份的《东洋经济统计年鉴》。

融资本，产业资本与金融资本的关系发生了很大变化。截至1988年，日本上市的1970余家垄断公司的股票持有中，银行等金融机构持股比重高达44.58%，而个人与其他国内法人占比之和仅有24.85%[①]。可见，在金融资本与产业资本互相融合渗透的过程中，以大银行为首的金融机构在股票占有上有着绝对优势，银行较工业资本占有更大的比重。

三是法人成为持股主体。在第二次世界大战以前，日本大公司的股份大多为个人所持有，在二战之后，法人代替了个人成为垄断大公司股份的主要占有者。据统计，1950～1988年，个人持股比例由61.3%下降至22.37%，而法人持股比例由34.5%上升至74.9%[②]。

四是呈现出横向持股形态。第二次世界大战以前，金融资本渗透产业资本的主要形式是财阀家族通过购买属下企业股票，以垂直型单向持股关系控制庞大的直系公司、准直系公司以及旁系公司。在二战之后，由于财阀总持股公司解散，垂直型控股方式难以维系，垄断大企业间相互占有股票的网状式持股关系开始出现，之后，更是几乎所有企业均相互持有股票，以网状形多边结合，实现融合渗透。从股份持有角度，大企业之间是互相平等的，不存在一方完全掌控另一方的情况。

3.5.4 经验与启示

1. 国外产融结合模式优劣分析

美、德、日三国的产融结合模式均有其自身的优势与劣

①② 资料来源：日本相关年份的《东洋经济统计年鉴》。

势。从资源配置角度看，美国市场主导型的高度市场化产融结合模式被认为是最有效率的。在美国市场经济发展中，工业化发展的动力主要来源于资本市场的完善与发展，政府对工业化的发展干预较小。金融与工商企业间的平等交易关系使得交易双方具有较高的选择性，资源错配问题相对较小。在经济全球化的背景下，国际经济环境日益复杂多变，金融与工商企业间的低利益相关性使得双方能迅速应对国际经济环境的变化，效率优势更为明显。同时在这一模式下，金融机构地位平等，处于同等的竞争环境，均为市场的参与者，有益于金融市场竞争环境的形成。在竞争性的金融市场中，企业融资具有较强的自主权，受银行限制较小，因此，金融与产业资源能够迅速低成本地从盈利较少的产业转移到盈利较多的产业，从而使金融与产业资本在各部门间的配置得到优化。德国的银行主导型产融结合模式中资本的自由流动受到限制，资本市场效率不佳，因而常被认为是低效模式，但其也在当时具有特定的优势，资本市场作用较小也造就了其产融结合模式的长期稳定性，银行主导型产融结合模式在德国二战后保持经济长期稳定的态势中功不可没。日本的产融结合模式与德国相似，对国内环境的依赖性相对较强，但也有所不同，其在考虑市场因素的基础上还要接受政府的行政与经济指导。因而，该产融结合模式在日本实现国家产业政策方面有明显优势。总的来说，从资源配置角度看，日本与德国的产融结合对其国内环境的依赖性强，对国际经济环境变化的适应性方面相对较弱，配置效率方面表现不如美国的产融结合模式。

从风险性角度看，美国的产融结合模式中，银行和企业市场交易行为频繁程度随着资本市场波动，短期的市场契约关系导致双方信息不对称程度相对较高，缺乏稳定性，须承担较大的逆向选择与道德风险。而德国拥有良好的外部制度环境，产融结合一直处于稳步发展状态。而日本的银行主导型产融结合模式虽然相比较美国产融结合的稳定性较强，微观风险小，但宏观经济风险有所扩大。具体而言，日本的产融结合模式是政府实现其产业政策的工具，要接受政府的行政与经济指导，政府对银行与企业过度保护一定程度上降低了产融结合的微观风险，但容易导致行业的垄断和内部交易行为，加剧银行与企业的低效率问题，加剧宏观风险，当低效率问题积累到一定程度甚至会引发泡沫经济与金融危机。

2. 国外产融结合模式对我国的启示

市场主导型产融结合模式与银行主导型产融结合模式均有各自的优劣，具有可借鉴之处，但也不宜照搬。美国的市场主导型产融结合模式在中国难以适用。就当前而言，中国的金融市场化水平还相对较低，现阶段采取市场主导型产融结合模式还不现实，即便是未来，也不宜作为目标进行照搬，这是由中国与美国生产力、文化等方面的差异性决定的。生产力发展方面，美国资本原始积累过程比较充分，市场经济较发达，不依赖特定的融资渠道，而中国工商企业对银行存在长期依赖关系，以银行信贷为主的间接融资占据主导地位。文化方面，西方文化强调人与人之间平等的契约关系，市场主导的产融结合模式有效满足了"财产不可侵犯、契约自由和自我负责"三项原则，以私人财产为基础，提倡充分竞争的价值观，为美国采取证券市场为主的市场主导型产融结合模式奠定了基础,而中国人大多偏好于相对安全的投资渠道。

同样,德国和日本的产融结合模式也不是中国的最佳选择,虽然该模式为两国的经济发展与繁荣做出巨大贡献,但中国尚缺乏主力银行治理结构的制度条件与动力。具体而言,中国国有商业银行仍在银行体系中居于主导地位,银行信贷对象也大多是国有企业,国有企业的改革与国有商业银行的企业化改造尚未完成,国有企业与国有银行间的内部治理结构尚未建立。这就注定日、德模式通过银行的内部控制与企业保持长期的交易关系,达成交易成本降低的主力银行产融结合模式难以在中国适用。

由此可见,中国产融结合不能照搬美、德、日的产融结合老路,而是通过吸收借鉴美、德、日三国产融结合模式的优点与经验,在充分考虑中国经济发展阶段及经济、金融与文化等因素的基础上,总结、归纳、实践出具有中国特色的产融结合模式。

3.6 产融结合效应

3.6.1 对企业绩效的影响

自 2008 年金融危机之后,我国经济一度陷入低谷,国内工商企业纷纷效仿发达国家企业参股与控股金融机构,将自身产业扩充至金融领域,通过向金融行业结合渗透以摆脱经济困境。一方面,从短期角度,产融结合可以提升企业的利润报酬。众所周知，我国金融行业处于垄断地位，其行业的利润率远高于其他行业。工商企业通过产融结合向金融机构资本渗透，在企业资金闲余时，可以将多余的资金投资于利润回报率较高的金融行业，以获取较高的行业利润报酬。而企业资金短缺时又可以卖掉所有权进行资金的回收。实行产融结合一定程度上提升了企业的利润额，增加了营业收入与净利润额增速，带动了企业绩效的增长。另一方面，从长期角度，产融结合也是许多工商企业扭转经营方式提高经营绩效的选择。当企业产业资本扩充至一定规模以后都会面临利润饱和甚至收益率为负的情况，此时，亏损企业若要继续产业转型以改变目前的经营状态并扭转亏损，产融结合便提供了这种可能。同时，产融结合是产业资本与金融资本双向的长期融合，对于工商企业与金融机构，产融结合后可能会实现业务的互补性，产生协同效应，两者产融结合后整体的效益与产融结合前两者的效益之和相比将会有所增长。因此，产融结合也是经营良好的企业实现利润长期稳定增长的方法。已有部分国内外研究证实了产融结合的正效应。如帕特南（Putnam，1997）等研究发现工商企业与金融机构的联结可以提升两者间的信任程度，工商企业可以用部分内部交易与贷款作为外部市场机制的替代，有效缓解其面临的融资困境，提高公司绩效。潘特扎里斯等（Pantzalis，Park & Sutton，2008）研究发现产融结合具有协同效应，工商企业与商业银行在产融结合后提高了整体效益。蔺元等（2010）认为产融结合有助于降低信息不对称问题，缓解融资约束，这种作用对于非国有企业更为明显。

产融结合作为企业的一项发展战略，在不同的宏微观政策背景下、不同的竞争环境与不同的时期，其对企业自身经营绩效的影响也并不相同。企业的产融结合战略必须立足于自身的发展情况，并不是所有的工商企业都适合与金融机构进行产融结合，企业盲目地进行不合时宜的产融结合并不一定能提升企业绩效，甚至可能对企业业绩产生负向影响。如李和格林伍德（Li & Greenwood，2004）研究了企业采用多元化分散策略进入保险业的经营效率，发现产融结合策略对企业运营效率无效。史蒂文和马里亚（Steven & Maria，2009）对金融机构兼并前后的全要素生产率进行了对比分析，研究发现，兼并后核心业务的全要素生产率与兼并前相比较并未明显上升。蔺元（2010）采用非参数 Wilcoxon 秩和检验法对非金融类上市公司持股非上市金融机构事件进行分析后发现，相比较于产融结合前，产融结合后样本的财务风险加剧，稳健性大幅降低；盈利能力下降，经营业绩未有效改善；资本运作的利润有所增加，而主营业务的盈利质量恶化。郭牧炫等（2013）研究发现，产融结合会导致工商企业的财务风险增加，稳健性降低，同时还会导致非营业净收益比重上升，运营效率和资产报酬率下降，盈利质量恶化。黄凌灵和李然（2010）等从盈利、偿债、营运与成长四个维度构建企业经营绩效评价体系，对非金融上市公司持股金融机构的事件进行描述性统计与配对样本 T 检验后发现，企业在产融结合后长期偿债能力下降，财务风险有所增加。

3.6.2 对区域经济的影响

产融结合能通过加快一国的资本积累、投资储蓄转化进而促进经济增长，但同时也可能影响经济均衡状态与弱化市场机制，对宏观经济产生负面影响。

第一，增强资本的积累能力。已有大量研究证实了资本形成、资本化率、资本与经济增长的关系，如李嘉图（1817）认为，资本家将其净收入的剩余部分追加投入生产是推动经济增长的主要原因。哈罗德和多马（1948）认为，扩大投资对增加一国的生产能力与国民收入有着重要作用，而扩大投资的先决条件即增加储蓄。罗斯托（1988）认为，高资本积累率是一国经济高速发展的基础，落后经济体向发达经济体的过渡须满足资本积累率 10% 以上的先决条件。刘易斯（1954）也指出，经济发展取决于农村剩余劳动力向工业部门的转移，这种转移主要表现为资本－劳动比率的提高，而全社会的资本积累率的提高是剩余劳动力转移顺利进行的基础。纳克斯（1953）认为，资本积累不足是发展中国家陷入贫困陷阱的根本原因，加速资本形成是跳出贫困恶性循环的突破口。资本积累的源泉是储蓄，经济货币化程度有助于储蓄形成。经济货币化能使分散的储蓄资源以货币储蓄的表现形态聚集起来，以货币取代实物成为资本所有者的财富储藏形式，加速社会闲散资源的生产与流转。一般来说，经济货币化程度越低，社会经济中留有的未被利用的资源就越多，说明经济商品化和货币化程度不足，限制了资本的积累；经济货币化程度越高，社会经济中可利用的潜在资源越少，整个社会的资本积累能力就越强。

产业资本与金融资本的密切结合有助于加速储蓄增长与增强资本积累。对企业而言，企业储蓄供给水平取决于企业的利润，而企业的利润则主要取决于企业的经营绩效。对于一个经营绩效较好的高盈利企业，就有更多的企业利润可以储蓄，而盈利有限甚至亏损的企业，则缺乏足够的利润储蓄，甚至只能负储蓄。以实体企业为代表的产业部门和以商业银行为代表的金融部门通过债权、股权等资本连接方式，形成紧密的产融联结关系，在一定程度上有利于形成现实投资，实现社会储蓄资源向实际生产部门的成功转化。具体而言，一方面，从宏观的国民收入角度讲，国民收入一定的情况下，储蓄与消费存在此消彼长的关系，产融结合作为一种特定的投融资机制，能广泛地聚集与吸收社会储蓄资源，在不影响消费的基础上有效挖掘社会储蓄潜力，提高全社会储蓄水平。另一方面，从微观企业角度，产融结合有助于解决工商企业部门的生产经营中的资金来源问题，在有效的资金支持下，工商企业的技术水平、产出能力和盈利能力均会相应提高，进而影响到政府部门和居民的收入水平与储蓄水平，从宏观上具体表现为实现社会投资、社会储蓄与生产发展的良性循环。

　　第二，促进储蓄向投资转化。在新古典经济学的框架中，市场是完全信息对称的，因此，在其国民收入宏观体系中，储蓄与投资具有定义性的恒等关系。但现实生活中市场是不完全信息对称的，存在着储蓄"漏损"现象，储蓄并不能完全转化为投资。然而，储蓄仅是资金价值的储备，其对经济增长的作用相当有限，一旦储蓄转化为投资的时间过长抑或是成本过高，资本都将难以顺利形成。

　　资金和资源的闲置和浪费会对经济增长造成不利影响。因此，要实现资本形成，就需要健全的储蓄—投资转化机制。健全的投融资机制，一方面，在最大规模地动员储蓄的基础上，较好地连接资金供需双方，缓解储蓄向投资转化过程中的时空与结构矛盾，实现储蓄向投资低成本、快速度的高效转化，确保资金盈余部门储蓄资金转移到资金短缺部门，实现投资最大化。另一方面，通过形成公开、透明、公正的运作机制，丰富融资机构与融资方式的多样性。在形成良性竞争的金融市场的基础上，确保资金交易中资金供求双方的风险和收益对称，从而以较低的交易费用为投资者提供储蓄资金，满足投资与经济增长的要求。

商业银行和工商企业以产融结合的形式联结在一起，更有助于银行储蓄向企业生产投资转化。在产融结合下，社会储蓄能通过股本投入与信贷投入等多种渠道转化为企业投资资金。一方面，商业银行与工商企业在产融结合过程中形成长期、稳定的信贷关系，这种稳定的产融交易关系，更有利于储蓄向投资的转化。具体而言，商业银行在以信息收集和外部监督为保障的基础上向企业提供期限各异的足额信贷，可以有效地避免因零散信贷交易导致的讨价还价、签约与履约成本，使得社会储蓄资源不断流入实际生产部门以形成现实投资，从而提高社会总产业水平。另一方面，商业银行在信贷投入的基础上，还以股本投入的形式入股工商企业。这种成为企业股东的方式不但能直接增加储蓄—投资转化量，还能有效发挥商业银行作为投资者对企业日常生产经营的监督和管理作用，敦促企业提升自身经营绩效。而企业自身经营效应的提升又能不断吸引更多的社会储蓄转化为生产资金，形成正向循环，进一步优化储蓄—投资的转化机制。商业银行与工商企业的产融结合优化了储蓄与投资间的转化机制与动力机制，提升了资本形成能力。

　　第三，提高投资生产效率。投资转化为实际生产力的过程中还存在一个效率问题，依据哈罗德—多马经济增长模型，仅仅投资数量的增长并不意味着必然的经济增长，唯有同时实现了高生产效率的投资，才能实现经济的高速增长。即投资须具有一定效率才能实际推动经济增长。一般地，人们把高投入、低产出的经济增长模式称为粗放型经济增长模式，把低投入、高产出的经济增长模式称为集约型经济增长模式，高投资生产效率意味着要选择集约型经济增长模式。

　　在经济发展早期阶段，金融机制不健全，金融中介缺乏，工商企业的投资活动往往依靠内部融资，即投资的增长往往通过挤占当期消费来实现。此时，储蓄者和投资者是二位一体的，而投资需求与储蓄机会可能存在时空上不一致，因此，经济主体的投资行为往往受到储蓄规模的限制，经济主体的生产技术、投资机会与投资规模均十分有限，导致投资效率偏低。金融市场的发展，一方面，使通过金融市场进行外源融资成为可能，有效缓解了内源融资不足对工商企业投资活动的限制。另一方面，金融市场利率机制的建立，能有效传递企业投资决策的真实信号。在金融利率"筛选"投资的情况下，资本边际效率低于市场利率的低效率投资项目将难以获得融资支持，资本边际效率大于市场利率高效率投资项目则更容易获取银行信贷支持，长此以往，低效率的投资项目将被淘汰，有限的资源将逐步转移并集中于高效率的生产领域，进而保证投资的效率与生产力。但由于金融业资本与产业资本的属性和表现形态的差异，金融资本与产业资本在传统的金融机制下，资源流动与配置效果仍欠佳。产融结合通过在银行与工商企业间结成紧密型债权债务关系，建立高度的利益联结与共生共长机制，有效地促进资本形成，并提高投资的生产效率。

具体而言，在产融结合背景下，银行出于信贷安全与效益考量，会产生对企业投资效率与经营效益进行监督的激励，通过加强外部信息收集、派遣人员进入企业、参与企业经营决策、任免企业管理人员等行为，敦促企业积极改善经营绩效与投资效率。以德国为例，在德国全能银行制下，商业银行作为股东能直接参加决策，同时，一般大企业还主动请大银行领导人为监察委员会成员，让其参与重大决策，此种背景下，商业银行对企业的投资方向、资金运用都有相当的决策权。综上，产融结合通过在实体企业与银行间建立共生共长机制，有效地促进资本形成并提高投资效率，最终推动宏观经济增长。

第四，宏观经济负效应。依据一般均衡理论，各类市场活动都受价格影响，而每种价格又都影响所有市场，因此货币市场资金的价格也必然影响到产品与其他要素市场的供求与价格。但是在产融结合的作用机制下，随着金融机构和产业部门的耦合关系愈发密切，利率在资金配置上的重要杠杆作用在一定程度上失效了。随着市场调节作用的削弱，要素分配与资源配置机制会部分失效，进而产生市场垄断程度过高、泡沫经济、利率杠杆等市场失灵现象引致的经济整体的非均衡。

首先，产融结合状态下，银企间利益相关性会越来越强。此时，虽然利息仍将影响投资活动的成本与收益，但银行利率已不再成为银行贷款企业的标准。如在日本主力银行制度下，贷款企业陷入财务危机时，企业试图挽回损失，不得不继续放贷给投资企业，进而陷入"债务陷阱"。虽然银行继续额外放贷，表面上可以获取特殊关系租金、声誉租金等额外租金流补贴银行因低利率放贷款造成的损失，但事实上，银行的继续放贷决策并非完全建立在利率的基础上，利率机制已难以起到"指示器"与"制动闸"的作用。随着资金市场供求的市场调节机制的失衡，市场也难以实现真正的均衡。

其次，经济泡沫作为一种局部的短期现象，可以通过市场的供求调节机制进行平衡、调节与恢复，而泡沫经济则意味着虚拟经济缺乏实体经济支撑，资产价格普遍大幅偏离实体经济内在价值。产融结合机制可能在一定程度上诱使股票、债券等金融资产价格非正常飙升，加速经济泡沫形成，最终演变成泡沫经济引发经济危机。以日本为例，政府为刺激经济，曾多次下调利率，为商业银行提供超低利息贷款。企业也以地产作抵押频繁向主力银行借贷进行风险投资，最终这些风险资产均由占主导地位的金融机构和商业银行提供支持，一旦主力银行维持巨额贷款支持，泡沫经济终将破灭。20 世纪 90 年代，日本爆发的金融危机便是最好的证据。

最后，从宏观角度讲，资本增长率不变的情况下，随着资本配置效率的提高，经济增长率也会随之提高，即资本配置效率与经济增长率存在正相关性。而良好的投融资机制作为资本配置的重要辅助机制，在促进与稳定经济增长上起着不可或缺的重要作用。然而，在产融结合的背景下，投融资机制中，利率的调节功能与作用效果明显降低。大量金融资源以垄断的形式在关联银行与企业间配置，仅有少数资源是在行业与企业中市场化配置的。资本的集中垄断使得国民经济难以协调均衡，制约了经济的稳定增长。具体而言，一方面，资本的集中和垄断造成社会经济资源的配置不均，损害社会总福利；另一方面，在垄断资本操纵市场价格的情况下，利率的调节作用进一步被削弱。当垄断资本投资失败时，会产生"多米诺骨牌"效应，加剧宏观经济波动，形成经济发展的瓶颈。

3.7 产融结合风险管理

产融结合基本可以分为两种形式。一种形式是金融资本—产业资本结合模式，金融资本支持产业资本扩张，产业资本扩张支持金融资本核心控制权。但金融资本控制实体产业的情况下，金融资本容易传导并放大产业资本经营风险。另一种形式是产业资本—金融资本模式，但在产融结合的具体操作实践中，工商企业也易于过度强调该模式的扩张功能，在产融结合过程中忽视产融结合风险的控制。如发生于美国的次贷危机与日本20世纪90年代的经济衰退都与产业和金融资本过度集聚和扩张密切相关。我国产融结合虽同西方发达国家相比仍处于起步阶段，但德隆、闽发、托普等企业集团经济危机的集中爆发①，也表明在我国产融结合风险同样严峻与残酷。

---

① 钟震，郭立，刘胜男. "双循环"背景下我国产融结合的新挑战与政策应对［J］. 西部金融，2020（8）：4-7.

3.7.1　产融结合风险特点

在产融结合迅速扩张的背后，产融结合风险同样严峻，产融结合风险不仅会给企业带来经营危机，甚至还会蔓延甚至覆盖整个国民经济相关部门，引发经济危机。产融结合的风险相比较于其他形式的金融风险具有各种各样的新形式与特征，主要表现为：

一是风险更具系统性。产融结合型企业相比较于其他形式联结在一起的企业，各个成员之间有着更为紧密的资金往来、投资联系与股权纽带，一旦某个成员企业风险不可控，相关风险就会迅速在各个成员企业间传导，其他成员企业更容易受到冲击。这种具有系统性特征的风险的蔓延和传导方式，会严重威胁其他成员乃至整个产融结合型企业的日常经营与管理活动。例如，当产融结合企业因资金链断裂陷入财务困境时，其他与该企业有着紧密资金往来、投资联系与股权纽带的产融结合集团成员企业会迫于相关压力被迫救助，使得融资困境企业的风险迅速传导至集团内其他企业。

二是风险更具隐蔽性。产融结合往往会促使企业形成一个庞大的企业帝国，集团企业内部交易与治理结构的复杂性会使得相关金融风险更具隐蔽性。首先，从企业自身角度。在形成庞大的产业集团以后，集团企业自身由于体量太过庞大，其判断与评估内部一个集团成员的真实风险也具有相当的难度。其次，从监管角度。监管当局难以明晰集团内部各个成员之间的交易、管理与授权关系，难以进行债权人区分与评估集团企业所面对的产融结合风险。最后，相关监管制度的不完善导致产融结合风险不易被发现。例如，分业监管会阻碍监管部门间的信息交流，制度缺陷会进一步加强风险的隐蔽性。这些主观与客观问题导致的信息不对称与不透明强化了产融结合风险的隐蔽性，使得产融结合风险衡量、管理难度加大。

三是风险更具破坏性。一方面，产融结合型企业相比较于其他企业，一般体量较大，因而具有更为突出的社会地位与更大的社会影响力。产融结合型企业一旦风险爆发，会在社会各领域快速传播蔓延，对整个社会的金融与经济体系产生严重的破坏。另一方面，产融结合型企业为政府资源配置与产业政策实施提供了便利。以日本为例，日本的产融结合就带有浓重的政治色彩，常被用来作为执行产业政策的机制。产融结合型企业风险的爆发会严重影响一国经济政策的实施，加剧宏观政策与经济的不稳定性。

3.7.2 产融结合风险形式

根据已有文献，产融结合的风险主要可以归类为道德风险、监管法律风险、内部交易风险、资本整合风险与组织复杂性风险等五方面。

一是道德风险。道德风险最先起源于保险市场，其本意指投保人在投保后会放松警惕，甚至减少必要的防范行动，进而加大保险事故的发生概率。金融行业作为国民经济中的重要一部分，其风险的控制对维护社会稳定有举足轻重的作用。在金融行业中，也会出现类似的道德风险。一方面，当产融结合金融机构的规模达到一定程度时，会具有较强的社会影响力。即使其入不敷出、资不抵债，政府从稳定社会角度出发也会千方百计予以救助防止其倒闭破产。美国的金融危机中的美国国际集团、摩根士丹利、高盛、贝尔斯登、美林、房利美等金融巨头均在一定程度上获得了美国政府的救助。对于产融结合企业集团同样如此，为避免大型企业倒闭导致的社会动荡，政府财政补助集团企业，为企业买单现象时有发生。例如，德隆债务危机时政府为德隆的债务提供担保；通用汽车财务危机时，美国财政部对其的倾力支持①。另一方面，由于金融机构破产的社会危害较大，各国对金融机构市场退出问题都较为谨慎。而我国尚未建立完善的金融机构的市场退出机制，金融机构陷入财务困境时，为了不引起社会动乱，政府一般会充当最后担保人的角色。陈燕玲（2005）研究发现，金融领域存在"大而不倒"法则，当金融机构发生财务危机时，各国央行通常会为金融机构提供再贷款予以救助，这种情况强化了产融结合企业向名下金融子公司转移不良资产行为，最终导致将损失转嫁给政府。这种行为在一定程度上会加剧金融机构的短视行为，促使金融机构涉足高风险投资以获取高额利润的欲望，也激励了企业集团向金融机构转移不良资产将金融子公司视为"提款机"的情况。

二是监管法律风险。虽然我国已出台一系列法律政策监管与规范实体企业与金融机构的产融结合行为，但相关法律文件并不完善。如张胜达与刘纯彬（2016）认为我国金融行业分业经营和分业监管的模式已难以完全适应当前的产融结

---

① 吴越. 我国产融结合的有效性研究［D］. 西安：西北大学，2010.

合现状，实业企业与金融机构的加速融合导致的监管重叠与监管真空，为相关监管机构管控企业集团与金融机构的产融结合风险带来较大的困难。何敏（2013）研究发现，不同金融行业监管规则的不一致，会阻碍监管机构间的监管信息共享与协调监管，使得监管部门难以明晰把控产融结合企业集团的经营管理情况，加大企业集团与金融机构的产融结合风险。李书华和李红欣（2008）认为，所有金融监管机构，无论是证监会还是银保监会，对金融机构的监管都存在较大的监管真空，而企业集团自身建立的监管体系也难以完全抵御来自资本市场的金融风险。

三是内部交易风险。内部交易指的是企业内部各部门或法人之间发生的确定的与或有的贷款、担保或转移定价等资产和负债业务往来，具体而言，包括企业集团为其成员企业提供的服务和管理以及集团成员企业间的交叉控股情况。内部交易一方面可以形成集团企业网络关系，达到充分利用现金流与管理资源的效果，实现集团内部企业互相协同的效果；但另一方面集团内部企业关系的日益复杂化也蕴含着极大的风险。在金融子公司承担集团内资金筹集和运用过程中，风险集中在金融子公司上，监管当局与企业总部均无法确切了解与掌握金融子公司的运行脉络和实际效果，带来严重的产融结合风险。如陈燕玲（2005）认为，在集团内部关联交易日益频繁的情况下，金融子公司往往会成为整个集团的核心支柱，承担着集团内资金流转与管理的重任，而一旦潜藏的风险爆发，在缺乏防火墙与有效信息披露制度等风险规避手段的情况下，风险就会迅速传导并集中于企业集团金融子公司上，金融子公司将会演化成"定时炸弹"。

四是资本整合风险。金融资本与产业资本有着其自身的经营规律，贸然进行产融结合与产融结合规模扩张，可能会加大管理上的风险，导致产业资本与金融资本的低效率运作，拖累自身发展，损害集团利益，甚至可能会产生制度、人事与企业文化等各方面的冲突。产融结合的资本整合风险具体可以体现在两方面。一方面，当产融结合企业资产种类超过一定数目后难以分散资产风险，为实现分散风险与扩大收益，产融结合企业被迫实施多样化经营，而对不具有相关性与相关性较弱行业涉入过深的情况下，不但难以规避和分散风险，反而会由于技术、管理经验不足与扩张无度等原因造成规模不经济与范围不经济。如汽车市场表现欠佳的情况下，一旦选择以汽车消费信贷与汽车销售为主要业务的金融机构进行产融结合，汽车销售量的萎缩风险会产生双倍的负效益。另一方面，如果产业与金融资源并不能按照预设计划进行整合，不但难以在技术、生产与经营达到预期的协同效果，使得自身陷入财务困境，甚至可能产生严重内耗，陷入产融结合陷阱。

五是组织复杂性风险。组织复杂性风险普遍存在于具有错综复杂相互持股关系产业集团内部。母公司与子公司、子公司与子公司互相交叉持股的复杂股权结构关系给集团内部的信息传递与产业集团风险的有效监管带来了巨大挑战，特别在信息披露制度不完善的情况下，运作效率低、企业文化冲突、专业人才缺乏等问题会愈发严重。刘星（2014）等研究发现，企业集团内部复杂的产权关系与多层级的组织结构会强化集团内部的委托代理问题，加大相关监管部门外部监管的难度，因而集团公司管理层更容易通过手中权力获取私利，加重寻租现象。涂罡等（2007）研究发现，集团企业的多元化经营会加重其他企业内部组织复杂性，恶化大股东占款现象。陈燕玲（2005）研究发现，产融结合的集团内部的复杂股权结构会加大财务杠杆风险。一方面，母公司通过举债方式向子公司拨付的资本金会造成集团财务杠杆比例上升，降低集团抗风险能力；另一方面，监管当局对银行、保险、证券等行业的资本充足率与资本构成要求不同，对各行业的风险评估与管控标准各异。产融结合的交叉持股现象会加大投资者对集团整体资本充足性与经营状况的衡量与评估难度，进一步加大集团的组织复杂性风险。

3.8　本章小结

本章对产融结合从产融结合发展历程与存在问题、产融结合主要模式、产融结合动因、产融结合影响因素、产融结合特点与启示、产融结合效应、产融结合风险管理等七方面的相关理论基础进行分析。产融结合发展历程与存在问题分析了我国在起步阶段、整顿和曲折发展阶段、恢复和繁荣阶段三个阶段产融结合的发展历程与当前产融结合存在的问题；产融结合主要模式包括政府主导型产融结合模式、银行主导型产融结合模式与市场主导型产融结合模式等三种；产融结合动因主要从获取超额利润、降低交易成本、缓解信息不对称、优化资源配置与实现协同效应五个维度展开；产融结合影响因素则主要从宏观因素与微观因素两个维度展开，宏观因素具体包括政策因素与金融发展等两方面，微观因素具体包括产权性质、企业规模、参股金融机构的比例以及参股金融机构的类型等四方面；国外产融结合特点与启示分析了美国、德国与日本三国的产融结合特点，并在对比分析后总结归纳了经验与启示；产融结合效应主要从对企业绩效的影响与对区域经济的影响两个维度展开；产融结合风险管理在讲述产融结合风险特征的基础上将产融结合风险归纳为道德风险、监管法律风险、内部交易风险、资本整合风险与组织复杂性风险等五方面。本章通过对产融结合已有相关理论的系统性梳理，为后文的分析与阐述提供理论基础。

第4章　产融结合案例分析 →

A、B、C、D 四家制造业企业作为浙江省大型制造业集团，在产融结合的探索和实践上走在前列。这些制造业集团开展产融结合时间较早、程度较深，并通过参股、控股、成立财务公司等多种形式推进产融结合进程，并且运行至今。同时，这些制造业企业通过产融结合，为企业创造了更好的经济效益。本章以这些制造业集团为案例进行研究，分析浙江省产融结合的探索与实践情况。

4.1 A 企业的产融结合*

当前经济形势下，金融行业相比较于实体行业有着更高的利润率，大型企业集团均纷纷涉足金融领域，施行产融结合战略。在结合自身产业特点的基础上，工商企业集团通过参股或控股金融机构与成立内部财务公司等形式进行产融结合。A 企业在产融结合方面取得了一定成绩并积累了一些经验。

A 企业前身为一家普通的铜材厂，总部位于浙江省，在全国各地拥有大批优质客源，与全球超 100 个国家建立了长期业务合作关系，还与众多一线品牌建立长期的战略合作伙伴关系。当前，A 企业综合实力位列浙江百强企业、中国企业 500 强企业、世界企业 500 强企业，涉足铜导体新材，环境修复及改善等高科技行业①。

---

* 本案例资料来自全国中小企业股份转让系统和深圳证券交易所。
① 浙江发布. 2022 浙江省百强企业榜单出炉! 9 家企业进入世界 500 强［EB/OL］.（2022 - 09 - 20）. http://www.qxzh.zj.cn/art/2022/9/20/art_1228998548_58916785.html.

A 企业在践行主业、巩固在制造业领域优势的同时，还开始在金融板块布局。在 A 企业实施产融结合的十余年里，分别涉足了财务公司、工商银行、小额贷款公司等各类金融领域，在坚持主业的基础上，适应全球化步伐，借助金融板块为自身实体产业板块带来协同效应，提升自身企业绩效。到目前为止，A 企业已参股一些小额贷款公司、商业银行等各类金融行业公司，产融结合的推进降低了 A 企业的财务费用，为 A 企业提升经营绩效，提升发展空间提供了金融支持。

4.1.1　产融结合的历程

A 企业 2008 年以来，积极进行类金融行业的布局，通过产业资本向金融服务行业渗透，降低自身融资成本，加快资金良性循环，达成通过金融资本推动自身发展的目的。在 2008 年，A 企业开始投资某一商业银行，并持有 7.25% 的股份，成为第二大股东，之后，又分别持有两家相关公司 40% 与 60% 的股份，强力布局类金融领域。①

1. 单一业务的产融结合

1989～2001 年是 A 企业原始资本积累的 12 年。创始人持有 A 企业 38.97% 股权，其也是 A 企业的实际控制人。之后创始人带领 A 企业先后成立铜贸易有限公司、金属制品有限公司，最终在 2008 年实现 A 企业在深交所上市。

---

　　① 资料来自 2008 年 9 月 11 日证券时报第 16 版。

在单一业务的产融结合阶段，A 企业作为一个初创企业，业务战略单一，没有强烈的金融投资的欲望，对资金的需求较为匮乏，同时当时的资本市场也不够完善，已难以为 A 企业金融投资提供金融支持。此时，A 企业主要通过内源性融资化解自身的资金短缺问题，并以与外部银行签订短期或长期的借款合同等融资渠道进行融资补充。在这一时期，A 企业本身对于产融结合的动机较小，也没有发生产融结合行为。

2. 初始阶段的产融结合

受宏观经济形势影响，A 企业主营业务竞争形势日益严峻，公司绩效停滞不前，A 企业开始寻找新的出路。2008 年是 A 企业产融结合元年，自此开始迈入了新金融领域，拉开产融结合的序幕，在短短的几年时间里，A 企业从内外部两方面环境条件出发，从单一的铜加工企业变成多元化企业。A 企业于 2008 年参股某银行，先后在 2008 年 9 月、2010 年 10 月、2012 年 10 月共三次出资认购该银行增发股份。该银行盈利状况较好，为公司提供了丰厚和稳定的投资收益。在涉足金融业务以后，随着产融结合程度逐年加深，投资收益占公司利润总额的比重逐年上升，成为平抑主营业务下滑的有效手段，A 企业的整体规模也在产融结合战略实施后有了明显的提高。

3. 扩张阶段的产融结合

（1）企业规模的扩张。自初始阶段的产融结合实施后，A 企业不断拓展自身业务领域与业务规模，加速扩大公司版图，并购多家中外企业，2015 年，公司收购浙江省某一环境材料有限公司股权，成功实现了业务从单一的铜加工业务向铜加工、金融、环保三大业务板块拓展的战略布局，在这个过程中 A 企业产能得到极大提升，A 企业自此成为全球最大、国际竞争力最强的铜加工企业之一。

A 企业规模扩张阶段，需要不断并购重组与自建生产线等方式以扩大主营业务规模与提升主业相关技术，在这一过程中 A 企业须获得稳定与充足的资金来源，一旦企业资金链断裂或是陷入财务困境，企业的并购重组与自建等企业战略的实施就会困难重重，最终导致并购重组与自建等企业发展战略以失败告终。

（2）金融投资扩张。A 企业在这一阶段实现主营业务的较快增长，同时也通过投资金融行业获取了大量投资收益，企业内部积累了大量的闲置货币资金。这些货币资金为 A 企业继续扩大主营业务规模与扩大金融投资规模提供了资金支持。同时，企业规模的扩大，单纯依靠企业内部融资远远不够，为保障企业的生产运营，企业外部融资便也必不可少，因此，A 企业在继续保持投资银行的基础之上，通过参股财务有限公司与小额贷款有限公司等多种渠道获取外部资金。

2013 年，A 企业将 4 亿元增资入股财务公司。该财务公司是整个集团的财务中心，与银行的作用及功能相类似。相比较于银行，该财务公司是 A 企业内部成员之一，能更准确与可靠地预测企业盈利能力，将有限的资金投入真正有盈利潜力的投资项目中去。具体而言，A 企业建立财务公司，首先，解决了企业的资金集中管理问题，其次，缓解了企业融资约束困境，再者，提高了资金池的配置效率，最后，为集团的其他成员提供了有效资金。财务公司通过办理存贷款和票据承兑贴现结算等金融服务，满足了 A 企业的金融需求，提升了 A 企业总公司及控股子公司，提高了集团自身资金使用效率，缓解了企业融资约束，降低了企业融资成本，分散了企业融资风险，有利于优化公司财务管理，实现了产业资本与金融资本的充分有效结合，充分支持了 A 企业的发展。

A 企业于 2013 年控股某一小额贷款有限公司，收购了其 30% 股权，实现了 A 企业金融业务规模的进一步壮大。该小额贷款有限公司成立于 2010 年 1 月 4 日，曾荣获浙江省"优秀小额贷款公司"称号，主营业务包括抵（质）押、保证方式的贷款业务，以及将自有资金、股东定向借款资金向农户和个体工商户等客户发贷款，并收取相应利息等业务。

A 企业旗下金融资产包括银行业资产、小贷公司等较为优质的资产，金融业务板块已成规模。A 企业通过涉足金融业务，实现产业资本与金融资本的有机结合，降低企业的融资成本，促进企业资金良性循环，快速提升了企业的综合实力。

4.1.2 产融结合的动因

第一，追求多元化经营，实现利润再增长。A 企业生命周期已从成长期转入了成熟期，长期从事传统铜加工使其主营业务收入已趋于稳定。而金融行业相比较于传统制造业，利润率较高。A 企业施行产融结合的战略，持股金融机构能够获取超额的投资收益，带动企业突破营收瓶颈，实现企业利润的再增长。

第二，实现财务协同与战略协同。A企业希望通过产融结合实现财务与战略的协同。财务协同是指企业通过产融结合，持有金融机构股份，获得超额投资收益，实现企业绩效的最大化。例如，A企业通过在内部建立财务公司，使财务费用得到大幅度降低，提升了生产经营效率与净投资收益。战略协同指的是产业与金融作为企业产融结合战略两个重要板块相辅相成，成为推动A企业主营业务发展的重要力量。

第三，节约融资成本，缓解融资约束。产融结合可以加深金融机构和企业的业务往来，在一定程度上缓解企业与金融机构间的信息不对称问题。A企业通过参控股银行、发放小额贷款、成立财务公司等形式进行产融结合。通过产融结合，各成员属于同一产融结合集团，各个成员公司间信息不对称问题能有较大程度的缓解，集团成员企业间的融资成本与资源配置成本均有所降低，资源的分配也更具合理性。

第四，补足企业金融短板，提高资金使用效率。首先，A企业本身属于民营企业，相比较于国有企业在金融市场上不具有竞争力，因而，自身在外部融资方面存在筹资短板。而通过产融结合，A企业的融资渠道得到拓展，还能通过与银行等金融机构签订贷款融资协议获得资金，以支持自身生产经营活动。其次，金融机构属于金融业务领域的专家，相较于实体企业，在资金运作方面更具专业性。通过实施产融结合，A企业在资本运作时，能从参股金融机构方面获取投资意见，同时，还能借助金融机构平台，对外开展投资、融资等资本运作活动，补足A企业的金融短板。

4.1.3　启　示

1. 政府层面

一是政府要转变自身观念，由管理型政府向服务型政府转变。已有研究表明，政府对企业的过度干预并不利于民营企业的发展，一方面会导致市场资源配置的低效问题，另一方面也会加大民营企业的财务风险。产融结合是当前我国企业自主选择的新型发展模式，不应该用行政力量进行强制干预，政府要将自身对产融结合的态度由干预向服务转变，进而提高经济金融体制改革效率。

二是完善产融结合监管制度，护航企业产融结合。当前我国产融结合尚处于起步阶段，还缺乏专门的产融结合监管部门对企业产融结合行为进行监管，产融结合通常由证监会、银保监会与地方性政府等进行联合监管。但这些监管机构都不是专门的产融结合监管机构，都有自身的监管职责范围。多方监管容易造成监管空白与责任重叠，导致产融结合监管的职责混淆与部门扯皮现象。政府监管低效问题，降低了集团企业的产融结合效率，不利于产融结合的发展。因此，为促进产融结合在我国的健康稳定发展，我国须成立产融结合相关的监管机构对其进行专门监管，通过针对性与专业化的监管，为我国企业产融结合保驾护航，促进产融结合在我国的健康稳定发展。

三是加强信息披露，提高产融结合效率。金融行业回报率高，风险也高。宏观经济环境较好时，企业可以通过持有金融机构股权，获取较高的协同效应，但宏观经济环境较差时，由于金融行业的杠杆问题，实体企业也容易遭受金融业拖累。信息披露制度完善，才能有效减少企业产融结合过程中的信息不对称问题，有足够的信息选择符合企业发展方向的金融机构，从而降低产融结合风险，提高产融结合的有效性。

2. 企业层面

企业产融结合要依据当时的行业环境、金融市场行情与企业特征等因时制宜、因地制宜，不可盲目参照其他企业实施产融结合战略。企业在进行产融结合后，其主要目标仍要放在提升主营业务收入上，切不可为追求高额的利润而导致企业集团的金融业务脱离实体产业，给企业的日常经营带来极大的风险。同时，企业在实施产融结合战略的过程中也不能一成不变，要依据实施的情况与企业未来的发展规划进行动态调整。在实施产融结合战略的过程中，主要需注意以下几个问题。

一是防范产业脱实向虚，在产融结合的过程中，要做大做强实体产业。不论是设立企业自身财务公司还是参股持股银行金融机构，企业都需要以产业资本整体增值为核心，把企业经营绩效的提高视为企业发展的关键，切不可一味地盲目追求金融投资收益，而把在金融市场获取高额的投资收益视作产融结合的根本目的，导致虚拟资本挤占实体经济发展空间，扩大企业经营风险。

二是要适度进行产融结合。当前产融结合的法律法规并不完善，导致当前的政策性风险与法律性风险较高。而金融的特点是高收益与高风险并存，因此，企业在产融结合的过程中，还要把法律法规缺失的风险纳入考虑的因素中去。产业资本和金融资本间缺失有效的防火墙制度会造成金融风险的集中与扩散，威胁到实体经济的正常发展。

三是加大金融人才培养。金融行业具有高收益高风险等特点，从事金融行业的人员不仅要了解企业主体业务，还有具有金融方面的专业知识，要有很强的金融行业专业素质。人才经营也是产融结合不可或缺的一环，金融人才稀缺，导致即使企业具有充足的资金，也难以支持企业产融结合发展。因此，企业一方面要加大对企业职员的培训，通过专业化培训，实现企业职员金融素养提升，加强人才储备。另一方面，企业也要引进外部高级管理人才，通过人才的引进充实企业的人才资源储备，进而促进产融结合更快速高效地发展。

4.2 B 企业的产融结合*

B 企业成立于 2004 年，是浙江省一家医药科技类制造业企业。B 企业一直致力于行业领先的一体化生物医药研发服务平台，为全球制药和医疗器械行业提供跨越全周期的创新研发解决方案。通过全面的服务体系和顶尖的质量标准，助力生物医药产业提升研发效率、降低研发风险，确保研究项目高质量交付，加速医药产品市场化进程，履行对行业和患

---

* 本案例资料来自深圳证券交易所。

者的承诺。2012 年，B 企业在深圳证券交易所上市，覆盖各领域 100 多家子公司，打造赋能全产业链的创新生态，致力于解决最具挑战的全球健康问题，满足患者的未尽之需，创造社会价值，造福人类健康。

B 企业的主要业务为医药相关产品及健康产业产品提供技术开发、技术咨询、成果转让以及临床数据管理与统计分析、注册申报等服务，公司的服务范围集中在临床试验和上市后续研究部分。B 企业以"基金—投资—并购"等多产业运作的方式，拓展医药产业链上下游以及合同双方的研究服务能力，并重点建设完整、统一的研究服务平台，致力于全球医疗产业的发展。

B 企业历经几年产业和投资发展，目前已拥有了国内领先的临床合同研究机构，并依托着自己所在的行业产业经验、临床试验机构网络以及专业的医疗研究队伍，使企业得以在该行业中快速发展壮大，并抓住了临床 CRO 的巨大市场机遇。上下游的医药产业布局的完善，有助于客户进一步提升研发效率，进而获取更多机会，获取投资收益。目前，B 企业的主营业务为临床试验技术服务、临床试验的相关业务和实验室服务，以及少数的股权投资的业务等。而 B 企业主要的业务是以医药研发服务外包（CRO）为中心，协同上下游的产业链来展开的。

基于对 B 企业 2020 年的主要营业收入变动情况的分析可知，其临床试验技术服务的毛利率超过临床试验及实验室服务，但是两项业务的占比都处于较高的水平。临床试验相关业务及实验室服务受疫情的影响，使得临床试验现场管理及患者招募服务的毛利率下滑。2020 年主要业务的毛利率分别为 50.13% 和 44.59%，特别是临床试验及实验室服务的营业收入增长较快，为 14.56%，同时毛利率增长了 6.33%。B 企业在 2022 深交所国证 ESG 评级中获得最高的 AAA 企业；2021 入选《财富》全球未来 50 强榜单；2021 弗若斯特沙利文 "中国临床 CRO 竞争战略领导力奖"；2020 弗若斯特沙利文 "中国 CRO 客户价值领导力奖"；2020 浙江企业抗击疫情卓越贡献奖；2020 中国生物医药产业标杆奖励——最佳临床 CRO；2019 中国医药上市公司最具投资价值 10 强；2019 入围福布斯亚洲最佳中小上市企业排行榜。

4.2.1 产融结合的实践

为完善金融支持实体企业创新体系，促进战略性新兴产业发展，B 企业的产融结合模式与其他传统产融结合模式相比，有自己的特点，构建了属于自身产业发展的产融结合。该模式更有利于推动行业转型升级。基于公司所属行业的特殊性，医药研发需要资金的帮助，研发公司需要投入大量资金，因此，在医疗行业投融资总量也呈上升趋势的情况下，B 企业通过 "融资—投资—并购" 等多种方式保持同步、协调发展，更好地在全球范围内配置资源，打通上下游产业链，促进公司医药研发产业的发展。

第一，引入战略投资平台。B 企业引入战略投资平台，借助战略投资者进一步促进产融结合的发展。2008 年，某创投企业作为外部风险投资机构，通过 QM8 平台为 B 企业注资 500 万美元，占股 15%。该创投的第二轮融资在 2010 年，QM8 平台出资 200 万美元，同年派驻董事和监事进入 B 企业；

因此，该创投间接持有 B 企业上市前的 17.39% 的股份。该创投的资金注入为早期的 B 企业研发带来了新的气息，企业在创新发展过程中有了持续性的资金支持，真正意义上提高了企业产融结合的经济效果，进一步加速了企业的成长。从其公司控股结构来看，截至 2020 年，B 企业还引入了 TEMASEK 和高领资本等国际国内知名投资机构，其分别持股 2.13% 和 0.86%。借助创投资金的助力，使其自身产业的发展得以快速提升。[①]

第二，形成"A + H"的融资平台。B 企业构建"A + H"的多平台融资，使企业内部缺乏流动性的资产，转换为可交易性证券，实现企业稳步增长。B 企业多个融资平台的战略布局，为企业进一步拓展综合生物制药研发服务和全球化发展提供强有力的资金保障，为公司进一步服务于全球创新药发展奠定坚实基础。2012 年，B 企业在深交所挂牌上市，募集资金总额为人民币 5.08 亿元，据 B 企业的 A 股招股说明书显示，募集资金主要用于"临床试验综合管理平台""数据管理中心项目""SMO 管理中心项目"。

2012 年首次公开发行股票为 B 企业资金的筹集打通了渠道，并在获取资金以后，为生产经营创新药的发展提供支撑。B 企业在后续发展运作中，通过非公开发展为企业产业运营发展筹集资金。

除此之外，2019 年，B 企业分拆子公司在香港上市。该子公司主要致力于中国和美国地区的发展，其主要经营业务

---

① 袁凯. 医药合同研究企业产融结合的模式及经济效果研究 [D]. 杭州：浙江工商大学, 2022.

是提供药物发现与开发流程的一体化全过程，帮助制药公司实现药物开发目标。2020 年，B 企业分拆韩国子公司在韩国证券期货交易所（KRX）挂牌上市，该公司是韩国领先的临床试验 CRO（专业从事药品研发）公司[①]。

第三，创建投资运作平台。B 企业 2013 年 11 月设立股权投资合伙企业，2014 年 6 月成立投资咨询有限公司；2016 年 4 月，成立股权投资合伙企业，主要经营业务为私募股权投资及其投资管理等；目前 B 企业的投资子公司还有多家医药创业公司以及投资公司等持股超过 50% 以上，具有专业化医药产业投资特色的类金融控股投资平台。B 企业依托自身的产业背景做投资，相比纯粹的财务投资具有更大的产业优势。B 企业通过投资平台，控制或参与医药创新企业，为公司未来的发展提供稳定的技术支持，也促进了医药产业的发展。B 企业强大的 CRO 产业资源与投资平台，使得公司可以较早地接触新技术，从而获取更多的商业机会与客户。B 企业对医药创新企业的股权投资已逐步形成规模，并获得不错的投资收益。股权投资的良性循环，进一步放大了公司的平台价值。

B 企业在国家政策的支持下构建医药行业产业链服务，在立足于产业的同时积极对外开拓，充分利用上市融资平台等优势、构建投资、并购等产业资本体系。2014 年开始投资转型升级，打造融资、投资、产业经营并举的路线；参与设立医疗产业基金，涉及大健康、生物医药等众多医疗领域。以现有临床业务为基础，充分利用自身资本平台等优势，构

---

① 资料来源：韩国证券期货交易所。

建并购业务、CVC 投资基金平台框架模式，努力推动公司实现战略转型。同时国内注册制的执行落地以及多层次资本市场的发展，为企业产业投资基金创造了良好的"募、投、管、退"机制。公司目前投资了多家 PE/VC 投资企业，投资收益也成为企业的稳定来源；截至 2021 年 6 月，B 企业对外投资了 54 只基金。根据公司公告可知，2021 年 6 月，B 企业联合多家投资公司为基金管理人设立一只母基金，总投资额 200 亿元，B 企业出资 98 亿元。

4.2.2 产融结合的动因

第一，产融结合助推企业整合发展。资本市场的多层次发展为企业开辟了多方位的融资平台。研究表明，产融结合为 B 企业提供了在多个股票市场进行融资的可能性。B 企业旗下的医药研发服务企业受到创新药研发周期长、资金和技术不足的影响。因此，有必要通过产业并购和对外投资扩大产业发展。借助上市公司融资平台，可为企业发展资金提供充足保障，降低企业融资成本，进一步规避长短期债务风险，降低股权融资成本，提高融资效率，快速提升整体融资能力。同时，优化资本结构，促进企业融合发展。产融结合可以增加企业融资渠道的多元化，让企业集团走出金融困境，扩大实体产业规模，为实体发展和产业结构优化贡献力量，还能促进资本运作为企业产业运营提供动力，提升企业在资本市场的作用。B 企业产融结合运营过程中，资本运作水平不断提升，以"一体化服务，全球化发展"的经营模式取得了良好的经济效益。

第二，产融结合有利于促进创新。企业创新发展不仅需要资金和技术支持，更需要资金支持服务。企业设立的股权投资公司和产业基金，可以更直接地将资金用于与主营业务相关的创新活动，获取市场信息，提升企业创新能力。通过产融结合，特别是利用风险偏好差异化的资本，可以为创新转型提供容错机制，有利于发现和培育新的市场机会。在这种情况下，B 企业产融结合战略的实施，提高了企业资本运作的管理水平，加快了资金的流动性，提高了资金运用效率；同时，为企业生产经营活动的发展提供资金支持，为企业提供资本运营活动。强大的后备支撑对行业的创新发展具有重要作用。设立企业投资公司、投资产业基金，可以更直接地将资金用于与主营业务相关的创新活动，获取市场信息，增强企业创新能力。同时，在产业链上下游，对具有创新潜力的药企或团队进行项目孵化和股权投资，深入了解创新研发进度和实际运营情况，对被投资公司进行管理，做好与公司主营业务相关的前瞻性项目的早期孵化和支持工作；被投资公司成熟后，投资者通过股权转让实现公司资本增值，获得创新技术，进而更大程度地为实体经济提供金融服务。

第三，产融结合有效提升企业整体竞争力。B 企业产融结合布局，以"股权投资 + 医药产业运营"的方式，专业化的运营和投资方式，使企业资产价值创造能力快速提升，投资收益稳步提升，同时具备规避产业经营风险的能力。在医药行业研发创新方面，产融结合带动企业研发投入大幅增加，成为企业研发新药的重要动力。企业经济增加值稳步增长，企业经营业绩不断提升。同时，随着金融监管的不断加强，产融结合能为企业创造更多的经济效益，更好地提升企业的竞争力。

4.2.3 启示

第一，选择符合企业自身发展的产融结合模式。产融结合的模式有很多种，但企业需要根据自己的实际产业运营情况来选择最适合企业的产融结合模式。B企业作为民营企业，选择符合自身产业发展的产融结合模式，通过资本平台搭建资本市场，主要采取直接投资、产业基金、行业并购等方式实现产融结合，这不仅巩固了B企业在生物医药合同委托研究服务行业的领先地位，也进一步增强了公司的竞争优势，从而提升了B企业的核心竞争力。企业可以利用产融结合的协同效应，提高研发创新能力和业务整合水平，进一步帮助企业规避市场周期性规律的不利影响，从而使企业经营活动更加稳健并且稳定。企业的经营状况和资金流向有利于企业对外投资。

第二，注重企业产融结合的风险规避。产融结合是一把"双刃剑"，具有隐蔽性、系统性和破坏性等特点。同时，产业和金融风险的相互传导和叠加，在给企业带来丰厚利润的同时，也会给企业带来不确定的风险。例如，某集团因终止借壳A股公司上市计划，产融结合未能达到企业预期目标，可见仅以获取财务利益为目的的产融结合[1]，不利于公司的长远发展，反而会给公司带来负面影响，造成更大的风险。因

---

[1] 袁凯. 医药合同研究企业产融结合的模式及经济效果研究 [D]. 杭州：浙江工商大学，2022.

此，规避产融结合的风险是非常紧迫和必要的。产融结合的风险主要包括实体产业风险、金融投资业务风险和双方关系形成的风险。

企业的风险管理水平和风险管理体制已成为影响企业产融结合有效的重要因素。市场经济是风险经济，企业生产经营的各个环节都存在各种风险。企业在发展过程中，如果不能有效防范风险，就会被风险所困。如果企业没有建立健全的风险管控，没有树立风险管理意识，就会产生最大的风险。企业在进行股权投资项目前，应做好被投资项目相关信息的收集、整理，对投资公司进行尽职调查，掌握投资项目的基本情况；分析研究被投资公司所在行业的发展前景，做好被投资公司业务数据和综合财务报告的分析，研究公司管理人员的经营方案。此外，公司还应在第三方评估报告的基础上，从自身的经营目标、战略规划、企业文化等方面，提出更完善的投融资方式和流程，并根据所获得的信息，提出更完善的投融资方式和流程，提出公司投资项目的可行性分析报告。产融结合要注重建立全过程的风险预警机制，使企业在产业运营过程中，将信息化、大数据、人工智能等诸多智能化数字预警手段融入企业的生产经营、产品制造、企业管理、风险控制等方方面面；对关键金融风险指标设置红线预警，实时监控风险状况，及时提出风险处置措施，规避风险，提高管理效果，更有利于企业的长期发展。加强信息沟通，进一步提高企业风险管理水平。

第三，注重产业属性，实现产融协同。产融结合的目标是前期从产融入手，最终回归产业。企业的主营业务是其发展的基础和核心。实体产业与金融资本的关系形成相互制约、相互合作的关系，共同影响企业的发展。在国家重点发展实体产业、避免"脱实向虚"的政策下，企业发展应引导产业资金回归实体产业，避免资本市场过度投机，从而确保产融结合的健康发展，最终提升企业的整体创新绩效。如果企业过分依赖产融结合，只为追求短期利益，一味专注于金融资本的运作，而忽视了实体产业的发展，可能会造成空心化的风险，不利于企业的长远发展。因此，企业在实施产融结合的过程中，应着眼于企业的长远发展，立足产业资本和科技创新，以产融结合为手段，推动企业不断创新发展，避免在资本市场上过度投机；坚持"以产而融、以融助产"的原则，实现产业要素和金融资本的合理利用和高效配置，以实现进一步促进企业创新发展的目标和要求，更好地提升行业竞争力，最终实现"产融协同"。

4.3　C 企业的产融结合[*]

C 企业是一家横跨石油、化工行业、化纤及化纤原料生产的浙江省现代大型民营制造业企业，拥有员工 20000 余名、总资产超过 1000 亿元，工业总产值和销售收入都已超过 2000 亿元。

近年来，C 企业在产融结合方面做了很多探索，该公司实施产融结合战略的意义主要有以下两点。第一，借助产融结合推动 C 企业进行化纤行业的产业整合。C 企业是全球重

　　* 本案例资料来自深圳证券交易所。

要的经营 PTA、PET 的石油化工企业，为 PTA 的产业龙头，
具备整合化纤行业的基础，借助产融结合能够促进企业实现
化纤行业的产业整合。第二，通过产融结合促进 C 企业的国
际化。现阶段，C 企业在文莱投资建设千万吨级炼油化工一
体化项目，在美国、日本、新西兰等国家寻觅产业链内的并
购标的，借助产融结合助力 C 企业成为世界一流的石油化工
国际集团之一。以产促融，以融助产，实现产业与金融协同
发展，为 C 企业在建企 50 周年实现工业总产值 5000 亿元、进
入世界 500 强企业行列、成为世界一流的石油化工企业国际
集团之一提供了强有力的支撑。

4.3.1　产融结合的路径

C 企业主要通过以下几条路径进行产融结合：

第一，设立或参股商业银行，平滑公司利润。2018 年我
国 3600 多家 A 股上市公司净利润达到 33897 亿元，而 32 家上
市银行净利润总额高达 14813 亿元，占 A 股上市公司净利润
的 44%，是 A 股非银行上市公司净利润的 78%。2015～2018
年，我国 A 股上市银行净资产收益率平均值分别达到
15.67%、13.87%、13.04%、12.24%，远远高于同期 A 股上
市公司和非上市公司的净资产收益率。C 企业从 2004 年首次
入股浙商银行，到 2017 年，已收到浙商银行股利累计达
11.3196 亿元，C 企业所在的石油化纤产业，产业周期较为明
显，2011 年为产业周期的高峰，之后逐步回落，2016 年达到
产业的低谷。而银行业在石油化纤产业处于回落周期时正处
于行业高利润时期，因此，C 企业参股浙商银行，平滑了 C

企业的公司利润。

第二，使用并购基金进行企业并购，达到 C 企业产能扩张的目的。化纤行业于 2011 年达到行业周期高点后，从 2012 年起进入产业的下降周期，产能过剩慢慢开始显现，聚酯产品整体供给远超需求，导致供需结构不够均衡，聚酯产品价格快速下滑，企业盈利能力下降，化纤企业融资难，一些化纤企业陷入经营困难，部分企业由于资金链断裂而倒闭。但是，石油化工作为重资产行业，行业发展态势趋向产业链纵向一体化发展，进而达到炼油、化工、化纤上下游一体化产业布局的目的，由劳动密集型往资本、技术密集型转型升级。2016 年石油化工位于行业周期的底部并且呈现炼油、化工、化纤上下游一体化的发展态势，这为行业并购整合打下现实基础。C 企业并购基金的运作过程主要包括：一是收购基金的设立和并购标的的选择。由 C 企业或金融机构等合作伙伴提供拟并购标的，在众多拟收购标的中，收购基金将进行初步筛选，对选定的拟收购标的进行尽职调查，与拟收购标的进行协商。C 企业根据公司发展战略和自身实际需要，对拟进行的并购重组进行合理选择。二是投后管理。收购标的项目后，收购基金需要根据公司发展战略的要求进行投后管理。

第三，以市值管理为核心，为 C 企业的资本运作提供支持。C 企业的市值管理实现了整个集团价值最大化，实现了集团成为全球最大的 PTA - 聚酯、CPL - 锦纶双产业链一体化的化纤石化集团的战略目标。从大股东的角度来看，通过市值管理的方式，大股东可以提高公司股票的市值，获得资本溢价，实现股东财富最大化，减少控股股东的持股，帮助控股股东巩固控制权。从公司员工的角度来看，通过市值管理的方法，可以增加公司员工的收入。从整合化纤产能的企业并购来看，有利于实现并购资金进入上市公司，也有利于上市公司集团的融资。C 企业通过股权激励、定增、并购基金等资本运作方式对控股上市公司进行市值管理，实现向控股上市公司注入并购资金收购项目的目标，实现公司市值的溢价。

4.3.2　产融结合的成效

近年来，C 企业的产融结合实践收获了较好成效。一是 C 企业化纤产能从 2016 年的近 400 万吨增加到 2018 年的近 800 万吨，行业地位显著提升，成为全球最大的化纤生产企业之一。二是通过产融结合，全面推进数字化、信息化、智能化平台建设，内管外服，打造一流化纤产业互联网平台，提升企业核心竞争力。C 企业总资产、所有者权益、营业收入、利润总额等指标均有较大提升。C 企业总资产由 2016 年的 379.59 亿元增加到 2018 年的 775.86 亿元，所有者权益由 2016 年的 145.47 亿元增加到 2018 年的 236.93 亿元，营业收入由 2016 年的 338.26 亿元增加到 2018 年的 940.56 亿元，利润总额从 2016 年的 7.07 亿元增加到 2018 年的 20.18 亿元。

4.3.3　启示

根据 C 企业的产融结合案例可得出以下启示：

第一，根据经济等外部环境变化调整产融结合战略。产融结合没有模板化的模式、形式和实现路径，在实施过程中也不是一成不变的，需要根据内外部条件综合考虑。外部环境和公司的行业地位、竞争优势、人力资源等都会影响产融结合战略。近年来，我国宏观经济环境发生了很大变化，比如金融稳定杠杆等，因此，过度杠杆的产融结合已经不合适。化纤行业已形成六大民营企业的竞争格局，继续通过并购实施产融结合的空间有限。作为化纤行业的龙头企业，C企业拥有大量优质客户，产融结合正逐步向供应链金融延伸。

第二，企业产融结合要坚持产业导向，从生产走向金融，以金融促生产。产融结合成功的核心是实体企业通过产融结合创造价值。通过产融结合，如果实体企业不能创造价值，产融结合将失去基础。C企业的产业战略是聚焦实体经济，深耕石化产业，做强化纤业务；上游炼化实施海外投资，下游化纤加快国内并购，推动企业数字化转型升级。C企业将通过金融促产实现产融结合的发展格局。

第三，防范企业产融结合的风险。严守资金安全底线，加强集团投融资管理是关键。顺应国家金融强监管、金融稳杠杆、金融去杠杆的宏观环境。在企业融资约束明显加大的背景下，C企业以金融去杠杆为中心思想，进一步加强集团投融资管理。在投资管理方面，根据集团确保资金流动性的前提下，坚持实体，立足石油化纤主业，以巩固、优化和提升石油化纤主营业务竞争力为投资方向，立足主业做大做强石油化纤产业链。集团退出了辅业，严审新增辅业投资，加快处置辅业资产，促使了投资资金回流，保障了集团资金流动性与安全。在融资管理方面，C企业以稳杠杆、去杠杆为中心思想，具体从"降债务、调结构、促回流和备头寸"四个方面开展。从降低债务总规模、降低债券融资规模、降低股票质押融资规模、降低结构化融资规模等方面降低集团整体债务。以长债换短债、以债券融资换结构化融资、以上市公司债务替换集团公司债务来调结构。加快辅业资产处置、催收对外拆借资金、杜绝新增辅业投资、拆借资金和对外担保来促进回流。加强集团日常流动资金管理，建立备用资金池。

第四，设立财务公司，提高集团资金管理效率。一是 C企业成立财务公司调整本企业资金余额。2019 年末，C 企业总资产突破 1000 亿元，工业总产值和销售收入双双突破 2000亿元。C 企业连续多年位列中国企业 500 强和中国民营企业500 强，实现了"跨区域、跨所有制、跨界"三大发展跨越。C 企业旗下有数十家各级子公司，各级子公司的账户分散在不同的商业银行。从每个商业银行账户来看，存入的资金规模可能并不大。但是，从整个 C 企业来看，存入商业银行的资金规模是非常大的。近年来，随着 C 企业的不断发展壮大，积累的资金规模越来越大。C 企业成立自己的财务公司，就有了一个平台可以调整集团的资金过剩和短缺，C 企业的整体效率将大大提高。二是开展集团资本管控。C 企业通过财务公司对资金进行集中管控后，财务公司可以通过自有的资金集中管控平台，实时动态监控整个 C 企业各级子公司的资金收支情况，随时了解整个集团的子公司。三是有利于 C 企业融资，降低集团资金使用成本。C 企业制定了五年左右工业总产值力争 5000 亿元的发展战略。实现集团发展战略，融资和融资成本是关键。财务公司作为非银行金融机构，可为 C企业旗下各子公司提供融资咨询、委托贷款和委托投资、成员单位非金融公司债券的承销等服务。财务公司具备金融企业的各类融资资质，可开展同业拆借、发行金融企业债券。金融公司作为金融机构的成员，在存贷款利率和佣金率方面可以获得更优惠的利率，增强了集团的融资能力。

第五，入股其他金融机构，为产融结合提供平台。C 企业产融结合除了持有银行和金融公司的金融股权，还涉及主要金融机构包括信托公司、金融租赁公司、期货公司、证券公司等。这些金融机构各有特点，可为 C 企业提供产融结合的平台。如果集团有相应的资金实力，同时在国家政策允许的情况下，收购这些金融机构的股权，为集团产融结合提供平台支持。比如信托公司在 C 企业的产融结合中，可以为集团扩大融资来源、协助集团实施并购、建立信托计划等提供平台。

4.4　D 企业的产融结合[*]

D 企业总部位于我国浙江省，是当前全国服装制造行业龙头企业。早在 1992 年其初创企业就开始布局房地产板块，成立了房地产有限公司，一年之后在体改委的批准下，与其他企业共同成立了 D 企业，开始进行资本投资。1998 年，D 企业在上交所首次公开发行 5500 万股股票，IPO 上市成功。经过 IPO 后 22 年的发展，公司 2020 年实现净利润 72.07 亿元，总资产共计 800.15 亿元。截至 2021 年 12 月，公司总股本 46.29 亿元，总市值 309.7 亿元，在同行业可比公司中排名第一。

---

　　[*] 本案例资料来自上海证券交易所。

4.4.1 产融结合的动因

1. 产融结合外部动因

第一，受到外资企业金融化浪潮的影响。西方经济学家麦金农和肖（Mckinnon & Shaw，1973）曾经指出，发展中国家的经济发展受到落后的金融体系的抑制。一个国家要想继续保持经济增长，就必须加强金融体系的建设。他们提出了金融深化和金融自由化理论。一方面，国家要减少对金融市场的严格管控，强调市场的基础性作用。另一方面，金融要向各个领域渗透和深化，通过金融工具引导资金流向有需要的行业和企业，成为经济的润滑油。金融深化理论带来了西方资本市场的大发展。在微观领域，体现在公司治理理念上，从追求长期增长到追求短期股东价值最大化。公司更加关注其在金融市场的表现，往往通过股权运营将利润分派给股东而减少生产性投资。在此过程中，非金融企业大量购买金融资产，金融化程度加深。

第二，顺应国内政策方向。从 D 企业的发展历史可以看出，D 企业早在股份制公司成立之前，就已经涉足房地产领域和股权投资领域。同时，1990 年和 1991 年，上海和深圳两个证券交易所相继成立，标志着我国主板市场正式成立。2005 年，股权分置改革启动，资本市场加快规范发展。D 企业还成立了一家投资公司，开始涉足股权投资领域。可见，D 企业的政策敏感性和市场敏感性非常强。当时是一家很有活力的民营企业，始终走在国内改革发展的前沿，公司也赶上了房地产和股市发展的红利期。

第三，行业背景变化。近年来，随着我国金融体系的逐步完善和多层次金融市场建设的加快，金融业处于良好向上发展阶段。特别是2021年，广州期货交易所和北京证券交易所相继成立。前者以碳排放为第一交易产品，代表了未来金融业以碳排放权为目标构建碳货币体系的最新发展趋势；后者放宽了股票涨跌幅限制，助力创新型中小企业发展，成为我国科技创新、就业和经济发展的强大动力。相比之下，一方面，制造业面临产能过剩和净利润下滑的压力，迫切需要寻找企业升级转型的新路径。另一方面，受到国际贸易保护主义的阻碍，陷入发展瓶颈。尤其是服装制造业，国内外品牌越来越多，产品同质化现象越来越严重，行业竞争越来越激烈，企业的利润空间在竞争中逐渐被压缩。然而，金融和房地产行业的利润水平很高，这使得许多制造企业希望通过配置金融资产的方式涉足金融和房地产行业，并在行业中分得一杯羹。

2. 产融结合内部动因

第一，通过股权和房地产投资获得收益。从D企业金融化现状分析可以看出，公司在2006年和2007年开始大幅增加金融资产并进行资本运作。1999年8月，D企业向某证券投资3.2亿元。2000年，公司1999年获得该证券分红1854万元；2001年，公司获得2000年度分红7600万元。根据D企业2006年年报披露，股权转让基本完成后，公司持有的股权投资价值逐步显现，股权投资成效显著。D企业的投资标的行业广泛，包括银行、保险、光伏科技、旅游等，其中投资某银行的案例非常成功。2004年该银行上市前，D企业认购了1.56亿股。2016年该银行实现净利润78.1亿元，成为浙江省净利润最高的公司，给D企业带来了巨大的收益。1999 ~ 2020年，D企业利润总额约580亿元，其中投资业务贡献近400亿元。[①]

第二，通过经营金融资产来平抑业绩波动。根据企业会计准则，公司在股权交易中取得的资产，往往包括交易性金融资产或可供出售金融资产。虽然后一项也以公允价值计量，但公允价值变动计入其他资本公积，不反映在损益表中。这使得D企业可以利用该规则将投资风险较低的金融资产分类为交易性金融资产，将公允价值变动收益直接确认为当期损益，将投资风险较高的金融资产分类为可供出售金融资产。对于金融资产，公允价值变动损失计入资本公积，以避免对当期损益产生负面影响。当升值实际发生时，出售所获得的收益可以通过投资收益反映在当期收益中。D企业多次通过变更会计科目调整公司净利润。

第三，发展多元化经营理念。在发展初期，D企业希望通过多元化战略，为公司服装主营业务的发展形成"蓄水池"效应。D企业在服装领域具有领先优势，企业发展金融投资和房地产板块的初衷是通过这两个板块获得额外收益，然后将这些利润投入服装板块，提高生产技术，拓展国内外市场，谋求主营业务进一步的发展。D企业希望通过涉足不同行业和领域，扩大公司规模，增强公司风险承受能力，在复杂多变的经营环境中拥有更多话语权。同时，D企业也希望不同行业的发展能够形成协同效应，包括客户资源、人力资源、

---

① 闵丽君. 产融结合对企业价值影响的案例分析［D］. 成都：西南财经大学，2014.

财力资源等要素能够相互促进，通过内部资源共享，打造自循环的商业生态系统。

第四，通过关联交易传递利益。2006 年以来，随着 D 企业金融化水平的提高，公司关联交易数量逐渐增多。一些其他集团的实际控制人、董事、总经理、财务总监、采购总监均曾在 D 企业工作。此外，D 企业还是一些集团的股东、客户和供应商。D 企业与关联股权投资公司之间的相互交易增加了公司之间的利益转移风险。

4.4.2 产融结合的成效

1. 盈利能力方面

2003～2006 年，D 企业开始实施金融产融结合发展战略，其销售净利润率在适度产融结合后有显著提高。2007～2019 年，D 企业的销售净利润率上下波动，整体呈下降趋势，2017 年甚至创下 2.99% 的历史新低。2019 年，D 企业开始回归主业务。自此以后，销售净利润率整体趋势也发生了显著变化，并于近两年实现了大幅增长。可见，适度产融结合促进了企业销售净利润率的增长，而过度产融结合则相反。

2007 年之前，D 企业的资产报酬率虽然有波动，但整体变化基本持平。2007～2019 年，D 企业资产报酬率波动较大，且整体仍呈下降趋势，直至 2017 年创下 5.51% 的历史新低。自 2019 年 D 企业实施回归主业战略，"脱虚向实"以来，公司资产报酬率大幅提升。一般来说，公司的资产报酬率可以反映公司对资产利用率的整体效果。近年来，公司资产利用效率不断提升，说明 D 企业逐步剥离金融资产的决策是正确且有效的。

2. 偿债能力方面

2007 年之前，D 企业的流动比率、速动比率和现金比率三个指标都有各自的起伏，但总体上变化不大，这表明 D 企业刚刚进入产融结合阶段。2007 ~ 2019 年，这三个指标总体上是先降后升，最后呈下降趋势。2019 年之后，D 企业实施回归主业战略，虽然公司三项指标出现了一些波折，但整体来看已经逐渐开始呈现上升趋势。可见，产融结合对企业偿债能力的影响短期内难以控制。D 企业金融资产投资短期内可有效改善企业融资约束，提高企业负债水平，同时金融投资所需资金不断增加，这将降低公司偿还债务的能力。

2007 年之前，D 企业的资产负债率处于逐渐下降的状态。2007 年之后，资产负债率突然上涨，然后保持相对平缓和小幅波动的状态。2019 年之后，有小幅下降趋势。可见，适度产融结合降低了企业长期偿债风险，而过度产融结合会在一定程度上加剧企业长期偿债风险。

3. 运营能力方面

D 企业的存货周转率和总资产周转率整体呈上升趋势。2003 ~ 2007 年，企业处于适度产融结合阶段，存货周转率和总资产周转率均呈上升趋势。2007 年后，随着 D 企业产融结合进程的深入，存货周转率呈下降趋势。这种现象有两个主要原因。一方面，D 企业对房地产项目的投资造成了大量的开发成本，从而增加企业库存的平均余额；另一方面，可能是由于企业在投资金融资产时疏忽了存货管理，存货管理效率低下，导致存货周转率下降。直到2011年，D企业的存货周转率和总资产周转率才再次转为上升趋势。尤其是公司近年来回归主业后，两项指标均有明显提升。相信随着"脱虚向实"战略的不断发展，未来D企业的资产质量将进一步提升。

4. 成长能力方面

D企业的主营业务收入增长率虽然上下浮动较大，但是整体上却随着企业产融结合程度的加深而不断下降，其中出现负增长的年份均是由于投资造成的，如2011年是D企业在汽车投资领域出现了失误造成的，2017年主要是投资房地产导致的。这表明，产融结合发展过程中增加金融资产的投资，可能意味对企业主营业务资产投资的减少。可见，产融结合对企业主营业务的收入还是有所影响的，若发生投资失败则影响更大。

另外一个重要指标净利润增长率，除了个别年份有差异较大的增长率之外，总体上变化不大。

综上所述，企业产融结合对于企业的成长能力的影响不大。

4.4.3　启　示

一方面，企业要合理配置金融资产，明确主营业务发展。金融化对实体企业的影响是两方面的。金融化是促进还是抑制实体产业发展，取决于企业如何合理利用金融化助力实体经济发展。尤其是2019年采用新金融工具准则后，金融资产的蓄水池效应与以往不同，未来D企业可以尝试简化金融资产的投资行为，合理、适度地对金融资产进行投资，以提高金融资产投资的稳定性。此外，实体产业的发展不容忽视，实体产业与金融资产结合的业务协同效应也不容忽视。企业要时刻保持清醒，控制企业的金融化程度，避免过度金融化带来的金融投资收益排挤实体产业投资的负面后果。企业要利用好产融协同，实现长期可持续发展。

另一方面，深化改革，政府加强引导和监督。政府及有关部门要出台相应的政策法规，合理引导企业经营理念，加大规范市场行为力度，及时关注和完善金融市场体系，解决企业金融化过度问题，鼓励企业合理使用金融化工具。防止其陷入过度金融化的困境。

此外，有关部门还应制定相应政策，合理适度提供产业帮扶，鼓励和支持实体产业转型升级。可以采取以下具体措施：一是倡导和鼓励我国传统实体企业在主营业务上注重科技创新。例如，为企业提供一些专业技术指导和教学等，提高企业自主创新能力，从根本上解决它们在转型过程中遇到的问题，用创新为企业发展增添动力，避免实体企业盲目投资金融资产，忽视主营业务。二是制定合理规范的金融市场约束制度。例如，放宽金融资产交易限制，严格要求金融市场信息披露和透明披露，避免金融投资交易过程中因运行机制不完善而带来的一系列风险和损失。

4.5 本章小结

本章在结合前述章节相关分析的基础上，以 A、B、C、D $\quad$ 137

等四家浙江制造业企业为案例，详细分析了 A 企业产融结合的历程与动因、B 企业产融结合的实践与动因、C 企业产融结合的路径与成效、D 企业产融结合的动因与成效，并总结归纳出相应的经验与启示，为未来浙江省制造业产融结合模式与路径指明发展方向。

第5章 产融结合效率评价

　　本章依据理论基础与国内外关于产融结合的研究现状，提出宏观层面的制造业产融结合效率测度指标体系，具体而言分为两个层次：资本、人才等要素投入指标与创新和利润等产出指标。本研究依据指标体系构建制造业产融结合效率测度模型，选择数据包络分析（DEA）模型与超效率数据包络分析模型相结合的方式，选取 2007~2018 年浙江省 11 个地级市的指标，从宏观层面对制造业产融结合的效果进行测度，在对测度结果进行描述性分析的基础上，总结浙江省各地级市制造业产融结合效率的特征。

5.1　测度方法

5.1.1　数据包络分析测度

　　已有关于效率测度的方法可以分为以下三类：算数比例法、随机前沿的参数方法与数据包络分析的非参数方法。算数比例法缺点较为明显，只能对单指标的投入产出效率进行分析。随机前沿方法则适用于多投入单产出的情况，但其需要事先设定生产函数的具体形式与分布假设，因此，测度结果受主观影响较为严重，一旦生产函数形式与分布假设存在偏误，那么，效率测度结果就会存在偏差。而数据包络分析主要是利用线性规划技术将决策单元的观测数据进行有效结合来评估每个被评价单元的相对效率，不需要估计投入产出的生产函数与分布假设，能有效避免因函数设定偏误带来的问题，避免了许多主观因素，保证了评价内容的客观性，适合对多投入多产出的复杂结构系统的效率评价。

传统数据包络分析模型起初是由查恩斯和库珀（1978）提出用以测度规模报酬不变下的技术效率。但查恩斯的模型难以进一步分析效率低下原因，即无法区分是由纯技术效率还是由规模效率导致的综合效率低下，其后班克等（Banker et al，1984）创建了 BCC 模型，得以将纯技术效率与规模效率分离。当前对效率研究使用较多的数据包络分析模型是 RCC 与 BCC 两种模型的结合。但上述两种模型所测度出的所有决策单元中的有效决策单元效率无法进行比较，之后，安德森和彼得森（Andersen and Petersen，1993）提出超效率数据包络分析模型成功弥补了这一缺陷。

5.1.2 数据包络分析的优点

相比较于其他评价模型，以线性规划为基础的数据包络分析法在评价浙江省制造业产融结合效率时更具优越性，主要体现在数据包络分析模型能较好地处理多输入和多输出条件下的最优化问题，这也是本研究选取数据包络分析法评价浙江省制造业产融结合效率的主要原因。

其优点主要体现在以下几方面：

（1）适用范围比较广泛，数据包络分析模型主要用于处理多输入、多输出指标的决策单元效率评价问题。它能够测算决策单元的技术效率、规模效率等，能够较好地处理无量纲情况，全面评价决策单元的效率水平。

（2）数据包络分析模型对所测量的变量最大的一个优点就是对输入、输出指标的量纲不做要求。相比较于熵值法等需要标准化处理的方法而言，数据包络分析模型各输入输出指标独立且可计量，输入、输出指标绝对数与相对值均适用，输入与输出变量计量单位对效率评价结果无影响，方便了评价程序，正是由于这个特点，数据包络分析方法测量灵活性较高，应用范围也较广。

（3）数据包络分析模型在变量权重设定上比较客观。现有评价方法主要有模糊评价法与层次分析法，其共性特征为需要事先决定权重系数，由于在权重系数设置上受主观影响较大，评价结果的客观性和公正性也大大降低。数据包络分析模型以数学规划对多投入、多产出的相对有效性进行评价产生权重，无须事先设定决策单元的具体函数形式，减少了主观影响，保障其评价的客观性，真实反映决策单元所在的实际环境。

（4）数据包络分析模型主要是利用线性规划技术将决策单元的观测数据进行有效结合来评估每个被评价单元的相对效率。因此，数据包络分析指标体系的建立并不需要明确输入输出指标间的显性表达式或函数形式假设，只需要两者符合现有的公理体系即可，这在输入输出指标相关关系不确定时优势更为明显。

（5）不仅能对决策单元进行分析，数据包络分析在评价过程中还会生成效率参照，进而提供调整方向和目标的"有效前沿面"。因此，对于非有效决策单元，数据包络分析模型在对其有效性进行评价的基础上还能为其提供调整方向以及具体指标的调整值，进而对决策单元效率水平进一步地深入分析，提高了改进的实际性和可行性。

5.1.3 数据包络分析模型设计

数据包络分析法是一种解决多指标投入和产出效率问题的数量分析方法，能够准确地找出可比范围内效率最高的决策单元（任菊香，2008），相比传统的参数法，数据包络分析的优势在于无须事先设定函数形式、误差项分布等参数，只需要投入和产出的数据即能得到客观准确的结果，在运筹学、管理学和数量经济学上运用广泛。但传统的数据包络分析方法容易高估处在技术集边界区域的技术效率，而超效率数据包络分析模型的引入能有效弥补该不足。与传统的数据包络分析模型相比较而言，超效率数据包络分析能更好地判别各决策单元的有效性，如果在同一年份存在多个效率为 1 的单元格，数据包络分析无法将这些处于效率前沿的决策单元进行高低排序分析，超效率数据包络分析则能较有效区分决策单元效率。鉴于此，本研究以 2007 ~ 2018 年浙江省各地级市制造业为研究对象，综合运用传统数据包络分析模型与超效率数据包络分析模型对其产融结合效率进行测度分析，并在此基础上，采用参数 t 检验方法判断样本间的显著性差异。

1. 数据包络分析模型

数据包络分析最初由查恩斯和库珀于 1978 年提出用以测度规模报酬不变下的技术效率，之后班克等改进了最初的 DEA – CCR 模型，建立了可以测度规模报酬可变的 DEA –

BCC 模型。

$$\min\mu = \theta - \varepsilon \left(\sum_{r=1}^{s} s_r^+ + \sum_{i=1}^{m} s_i^- \right)$$

$$s.t. \begin{cases} \sum_{j=1}^{n} x_{ij} \lambda_j + s_i^- \leqslant \theta x_{ij} \\ \sum_{j=1}^{n} y_{rj} \lambda_j - s_r^+ \geqslant \theta y_r \\ \sum_{j=1}^{n} \lambda_j = 1, \lambda_j \geqslant 0, j = 1,2,L,n \\ s_i^- \geqslant 0, s_r^+ \geqslant 0 \end{cases}$$

其中，x_{ij} 为第 j 个地级市，第 i 个指标的投入量，包括企业研发投入、应付职工薪酬、固定资产净额、长期股权投资净额等。y_{rj} 为第 j 个地级市第 r 个指标的产出量，包括企业净利润、企业专利授权量，s_i^-、s_r^+ 分别表示投入、产出的松弛量。λ 为权重，$\sum_{j=1}^{n} \lambda_j = 1$ 意味着该模型处于规模报酬可变的情况下。其中 $\mu \in [0,1]$ 为目标效率值，当 μ 小于 1，表示该决策单元无效，进行的投入产出活动有待改进。当 $\mu = 1$ 时，决策单元有效，所进行的产融结合活动效率最佳。

2. 超效率数据包络分析模型

为更精确测算浙江省各地级市制造业产融结合效率并予以排序，本章借助安德森等（Andersen et al, 1993）设计的超效率 DEA 模型达到研究目的，具体形式表达如下：

$$\min \theta^{\mathrm{super}}$$

$$\mathrm{s.t.} \begin{cases} \sum_{j=1,j\neq k}^{n} \lambda_j x_{ij} + h_i^- = \theta^{\mathrm{super}} x_{ik}, i = 1,2,\cdots,n; \\ \sum_{j=1,j\neq k}^{n} \lambda_j y_{ij} - h_u^+ = y_{uk}, u = 1,2,\cdots,s; \\ \lambda_j \geqslant 0, h_i^- \geqslant 0, h_u^+ \geqslant 0 \end{cases}$$

其中，θ^{super} 为超效率评价值，该值越大则效率越高；x_{ij} 和 y_{ij} 分别表示投入向量和产出向量；λ_j 为各决策单元的组合系数；h_i^- 和 h_u^+ 分别为投入和产出的松弛变量。

5.2 测度指标选取原则与内容

5.2.1 选取原则

1. 科学性

科学性原则指的是在指标选取的过程中要结合研究对象的内涵与特征，同时，选取合理、科学的指标，做到选取的指标有充分的理论依据，即指标须具有一定的科学内涵，定义准确，能够度量和反映研究对象演变的机理与特征。鉴于此，本章在制造业产融结合效率测度指标选取的过程中阅读参考了大量的相关文献，充分考虑到高科技高新技术产业作为国家实施创新驱动发展战略的关键力量，在核心技术的自主创新和研发方面发挥着重要作用。因此，在产出指标层中选取与技术研发高度相关的专利申请数量作为制造业的产融结合重要产出，最大限度地保证了指标选取的科学性。

2. 系统性

系统性原则指的是指标选取应在统一框架内，从整体角度，全面、系统地考虑问题。在投入指标选取方面，要考虑到人才、资本、设备等各个方面的因素；产出指标选取方面，要考虑到企业经营绩效与创新绩效等方面的影响；同时，指标的选取又要避免包含或重复选取现象。制造业产融结合过程中有大量的投入与产出，在效率评价指标体系建立的过程中，依据系统性原则，分别从人才、设备、资金、经济效益与科技成果等多方面选取最具代表性的指标。一方面，较系统与全面地涵盖了制造业产融结合过程中的各个过程与内容；另一方面，又有效减少了各个指标间的信息重叠问题，能较好地测度浙江省制造业产融结合有效性情况。

3. 可操作性

指标体系不仅要具有重要的理论价值，更需要有实践价值。因此，在指标选取的过程中必须考虑指标的可操作性问题，做到选取的指标能将一些抽象的、不可观测的概念具象化，转化为可观测的变量。同时，指标的选择应该遵循方便、实用、简洁与有效等原则，尽可能考虑指标数据的可获得性，使之在实际操作过程中能获取相关的高质量数据进行验证。因此，本研究在选择制造业产融结合效率的投入与产出指标时，充分借鉴了《中国统计年鉴》《中国城市统计年鉴》《浙江省统计年鉴》等权威资料中列示的栏目和国泰安、Wind 数据库等权威数据库，以保证数据可操作性和真实性。

4. 可比性

制造业产融结合是一个多要素、多阶段的系统性工程，其各要素动态变化，此消彼长，因此，在指标体系的选取时，要充分考虑评价指标的可比性，使得选取的评价指标能够按照统一的尺度进行横向与纵向比较，以较好地分析制造业产融结合效率的动态演变。鉴于此，本研究在设计制造业产融结合效率投入产出指标体系时，充分保证了选取指标在不同对象与不同时期上实现口径、范围与计算方法上的一致性，以实现对不同对象、不同时期制造业产融结合效率的对比分析。

5.2.2 指标选取

为了较好地测度产融结合效率，首先须阐明产融结合效率的概念。对效率的研究一直是经济领域的研究热点、重点和难点，效率的问题涉及经济、技术、分配和规模四个方面。当前研究较多的是从技术效率视角出发，最早可以追溯到法雷尔（Farrell），技术效率指的是在产出不变的情况下实现最少的投入或是在投入不变的情况下实现最大的产出，进而实现生产组织形式的经济性和集约性。关于产融结合效率，唐建荣（2015）将其理解为产融结合企业的技术效率，而谭小芳（2014）则将其理解为产融结合企业的经营效率。杨姝琴（2016）则将其延伸为产融结合企业投入产出能力和综合竞争力的反映。当前学术界对产融结合效率没有形成统一定义，同时产融结合效率都局限于对产融结合型企业产出绩效的影响，未曾考虑产融结合成本的问题，也未曾将深受产融结合影响的创新行为纳入考察的维度。鉴于此，本书参考已有文献并结合上文对产融结合和效率的理解，把产融结合效率定义为：考察地区通过产融结合而引致的产出绩效，其中要素投入包括了研发投入、劳动投入、资本投入和产融结合度，产出综合考量了地区企业净利润和专利产出，反映了地区考察了产融结合度的整体绩效水平。

企业生产经营的核心要素是资本、人才和设备（Belloc，2012），因此本章产融结合的投入指标参考了唐建荣和石文（2015）选取固定资产投入作为资本投入，应付职工薪酬作为劳动投入，同时还参考了刘昌菊（2018）选定长期股股权投资作为产融结合投入指标。在中国经济增长进入"新常态"的大环境下，创新活动是企业实现价值增长进而实现国民经济持续稳定增长的唯一路径（逯东等，2020），因此，本章把企业的研发投入作为企业的创新投入纳入投入指标。至于产出变量，本章选取企业净利润指标和企业专利授权量作为产出指标，详见表5－1。

表5－1　　浙江制造业产融结合效率评价指标体系

指标类型	变量名称	单位	性质
投入指标	企业研发投入	元	正向
	应付职工薪酬	元	正向
	固定资产净额	元	正向
	长期股权投资净额	元	正向
产出指标	企业净利润	元	正向
	企业专利授权量	项	正向

指标所使用的数据均来自 2008 ~ 2019 年的《中国统计年鉴》《中国城市统计年鉴》《浙江统计年鉴》和国泰安、Wind 数据库。运用 Matlab 软件进行效率测算。

5.3 测度结果及比较

5.3.1 DEA 测度结果

运用 SBM – DEA 模型测算 2007 ~ 2018 年浙江省各地级市制造业企业产融结合效率，结果见表 5 – 2。

考察期内浙江省 11 个地级市产融结合效率的平均值为 0.2517，总体效率偏低，只有极少数地级市实现产融结合有效。从浙江省平均水平来看，浙江省层面产融结合效率在波动中呈现上升态势。2007 ~ 2011 年，浙江省产融结合效率的平均值分别为 0.113、0.142、0.244、0.236、0.360，从 0.113 上升到 0.360，产融结合效率增长较快；2011 ~ 2013 年呈现持续下降态势，从 0.360 下降到 0.145；2013 ~ 2018 年，产融结合效率又略有回升，从 0.145 上升到 0.492。从具体各地级市高技术制造业产融结合效率的动态演变过程看，大部分地级市的高技术制造业产融结合效率时间演变态势与浙江省总体态势大致相似。具体而言，2007 年所有地级市高技术制造业产融结合效率均较低，只有宁波产融结合效率大于 0.2。2012 年，大部分地级市高技术制造业产融结合效率都有所提升，其中，位于前三的分别是杭州（0.49）、温州

表5-2

DEA产融结合效率

地区		2007年	2008年	2009年	2010年	2011年	2012年	2013年	2014年	2015年	2016年	2017年	2018年	均值
浙东北	杭州	0.116	0.266	1	0.553	0.73	0.49	0.051	0.214	0.341	0.541	1	1	0.5252
	宁波	0.222	0.215	0.278	0.232	0.249	0.176	0.176	0.247	0.24	0.2	0.187	0.197	0.2183
	绍兴	0.095	0.129	0.016	0.067	0.253	0.027	0.205	0.534	1	1	0.611	1	0.4114
	嘉兴	0.086	0.216	0.147	0.103	0.1	0.103	0.104	0.106	0.128	0.157	0.109	0.277	0.1363
	湖州	0.1	0.026	0.09	0.073	1	0.302	0.128	0.112	0.078	0.115	0.125	0.15	0.1908
	舟山	0.119	0.083	0.085	0.095	0.111	0.119	0.133	0.126	0.123	1	0.089	0.096	0.1816
浙西南	金华	0.108	0.153	0.174	0.137	0.149	0.137	0.144	0.127	0.107	0.118	0.11	1	0.2053
	衢州	0.114	0.122	0.124	0.095	0.105	0.11	0.069	0.053	0.054	0.055	0.049	0.055	0.0838
	丽水	0.059	0.111	0.162	0.106	0.132	0.12	0.12	0.094	0.086	0.082	0.062	0.14	0.1062
	温州	0.155	0.166	0.414	1	1	0.353	0.36	1	0.288	0.208	0.556	1	0.5417
	台州	0.074	0.078	0.193	0.132	0.127	0.11	0.108	0.116	0.102	0.095	0.389	0.499	0.1686

（0.353）、湖州（0.302）。2018 年，有四个地级市达到产融结合有效状态，分别是杭州、绍兴、金华与温州。分地区看，浙东北与浙西南也存在较大差异，浙西南地区，大部分地级市从产融结合效率均值都较低，只有温州产融结合效率均值为 0.5417，相对较高。而浙东北地区大部分地级市产融结合水平都相对较高，其中，杭州、绍兴等地区更是有较长时间处于产融结合有效状态。

通过上述分析可以得出以下两个结论：一是无论是从整体、地区还是地级市看，产融结合效率都有波动上升的态势，可见浙江省产融结合效率在不断提升。二是浙江省内部各地级市产融结合效率的差异主要表现在浙东北和浙西南两大地区之间，对于浙东北而言，其内部地级市产融结合效率明显高于浙西南各地级市。

5.3.2　超效率数据包络分析测度结果

运用超效率数据包络分析模型测算 2007～2018 年浙江省各地级市制造业企业产融结合效率，结果见表 5－3。

考察期内浙江省 11 个地级市产融结合效率的平均值为 0.879，仍存在 12.1% 的改进空间，而且各效率值存在地区与年份上的差异性。2007～2018 年浙江省产融结合效率的平均值分别为 0.528、0.790、0.712、0.929、0.760、0.717、0.955、0.836、0.937、1.106、1.311、0.976，从总体上看呈现出逐步增长趋势，同时从表 5－3 中可以看出，浙江省各地级市制造业企业产融结合效率也大都呈现逐步上升趋势，但上升的过程中存在这一定幅度的波动。主要波动的区间大致

表 5-3 超效率 DEA 产融结合效率

地区		2007年	2008年	2009年	2010年	2011年	2012年	2013年	2014年	2015年	2016年	2017年	2018年	均值
浙东北	杭州	2.32	1.3551	0.9652	2.5527	2.5085	1.5249	2.2917	2.5618	2.2771	2.426	2.61	3.31	2.2253
	宁波	0.3796	1.0475	0.6771	0.9615	0.7637	0.7023	1.8078	0.6696	0.9188	1.3377	2.1732	1.0573	1.0413
	绍兴	0.3006	0.5331	1.2408	0.759	0.6443	0.7119	0.8922	1.0355	1.183	1.1777	3.299	0.7326	1.0425
	嘉兴	0.181	0.2553	0.5712	0.6943	0.3705	0.7029	0.5725	0.5734	1.0509	0.9223	0.6241	0.8235	0.6118
	湖州	0.1876	0.6249	0.8997	1.3565	1.0302	0.9016	0.7271	0.7881	0.869	0.4196	0.5934	0.5861	0.7487
	舟山	0.0521	0.2541	0.3546	0.0901	0.437	0.2766	0.5105	0.3966	0.8478	1.0125	0.8338	0.5165	0.4652
浙西南	金华	0.4819	1.0982	1.2929	1.0301	0.6743	0.7344	1.2703	1.235	0.7553	0.9048	1.1023	0.9831	0.9636
	衢州	0.0326	0.0022	0.1162	0.598	0.2176	0.2115	0.1022	0.1205	0.0688	0.1769	0.3601	0.4888	0.2080
	丽水	0.0315	0.1909	0.139	0.6475	0.1444	0.3836	0.2427	0.228	0.2753	0.3588	0.4253	0.2815	0.2790
	温州	1.7374	2.7844	0.9204	0.7011	0.7017	1.1879	1.3989	0.995	1.5897	1.5052	1.3811	0.9806	1.3236
	台州	0.1084	0.5491	0.653	0.8305	0.8695	0.5525	0.6907	0.5938	0.4753	1.9291	1.0179	0.9738	0.7703

位于 2009～2011 年，各省的产融结合效率在该区间中都有一定程度的下滑，之后恢复上升趋势。究其原因，可能是因为 2008 年的全球性金融危机导致企业生产环境恶化，经营方面缺乏足够的生产要素投入，创新方面缺乏高端人才和足够的资金支持。当分地区来看时，可以看出浙东北和浙西南而言两地区之间存在着较大差异。对于浙西南而言，各地级市产融结合平均效率大都低于 1，处于规模报酬递减阶段，只有温州这一个地级市的产融结合效率大于 1，而且总体的产融结合水平都较低。而浙东北内部则有一半的地级市产融结合效率大于 1，杭州、宁波、绍兴三地的产融结合平均效率大于 1，处于规模报酬递增阶段，总体产融结合水平较高。从地级市来看，产融结合效率最高的为杭州，其产融结合效率均值高达 2.2253，紧随其后的是温州，其产融结合效率均值有 1.3236，之后的绍兴和宁波两地的产融结合效率均值分别为 1.0425 和 1.0413，其余各地级市都仍处于规模报酬递减阶段。

通过分析可以得出以下两个结论：一是无论是从整体、地区还是地级市看，产融结合效率都有波动上升的态势，说明浙江省产融结合的有效性正在不断提高。二是浙江省内部各地级市产融结合效率存在较大差异。最高的杭州产融结合效率均值高达 2.2253，而最低的衢州产融结合效率只有 0.208，且其差异主要表现在浙东北和浙西南两大地区之间，对于浙东北而言，其内部地级市产融结合效率明显高于浙西南各地级市，而浙东北和浙西南内部各地级市之间的差距则相对较小。

5.3.3　数据包络分析与超效率数据包络分析测度比较

本研究综合运用传统的数据包络模型与超效率数据包络分析模型分别对2007～2018年浙江省制造业产融结合效率进行了测度。由表5-2与表5-3可知，无论是数据包络模型还是超效率数据包络分析模型的测度结果，各城市制造业产融结合效率排名较为相似，杭州、温州、绍兴均位于前三，丽水、衢州、嘉兴的产融结合效率均较低，可见传统的数据包络模型与超效率数据包络分析模型测度结果存在一定的相似性。为进一步检验数据包络分析模型与超效率数据包络分析模型测算的效率值是否有显著差异，本研究分别通过两配对样本t检验与Spearman相关系数检验对两种方法测度的结果进行检验。首先，以SPSS18.0软件对2007～2018年各决策单元12年不变规模报酬的数据包络分析模型测算的综合技术效率与超效率数据包络分析效率值均值进行配对样本t检验，以考察效率测算值是否存在显著差异，结果如表5-4所示。

表5-4　　　　　　　配对样本t检验

项目	样本数	均值	标准差均值	标准误	95%置信区间 上限	下限	t检验值	自由度	显著性（双侧）
超效率DEA-传统DEA	132	0.628	0.392	0.077	0.709	0.547	11.489	131	0.000

由表 5 - 4 的检验结果可知，t 统计量的值为 11.489，从 t 统计量和显著性检验上看出，浙江省制造业产融结合效率的数据包络分析模型与超效率数据包络分析模型测算结果存在明显差异，这一结果与大多数研究者结论相一致。

同时，为检验数据包络分析模型与超效率数据包络分析模型测算结果在排序上是否存在一致性，基于浙江省各地级市制造业产融结合效率均值的排序结果，借助 Spearman 相关系数进行验证，检验结果如表 5 - 5 所示。

表 5 - 5　　　　超效率 DEA 与 DEA 测算值排序的
Spearman 相关系数矩阵

模型	超效率 DEA	传统 DEA
超效率 DEA	1.000	
传统 DEA	0.400 ***	1.000

注：*** 表示回归系数在 1% 的显著性水平下显著。

由表 5 - 5 可知，数据包络分析模型与超效率数据包络分析模型测算结果的相关系数为 0.400，且在 1% 水平下拒绝原假设。即两种方法测算的浙江省各地级市制造业产融结合效率在排名上存在高度相关性与显著一致性。

综合而言，无论是数据包络模型还是超效率数据包络分析模型的测度结果，各城市制造业产融结合效率排名较为相似，因此，数据包络模型与超效率数据包络分析模型的测算结果均有一定的合理性。但超效率数据包络分析模型测算结果在时间维度上呈现出显著上升趋势，较之于具有周期性变动特点的数据包络分析测算结果，能更客观反映浙江省制造业产融结合效率。基于此，本研究在实证研究部分主要采用超效率数据包络分析模型测算的高技术制造业产融结合效率进行分析。

5.4 本章小结

本研究综合运用传统的数据包络模型与超效率数据包络分析模型分别对 2007～2018 年浙江省制造业产融结合效率进行了测度与比较，两种方法测度的制造业产融结合效率测度结果存在高度一致性。研究发现，无论是从整体、地区还是地级市看，产融结合效率都有波动上升的态势，浙江省产融结合的有效性正在不断提高。同时，浙江省内部各地级市产融结合效率存在较大差异，且其差异主要表现在浙东北和浙西南两大地区之间，对于浙东北而言，其内部地级市产融结合效率明显高于浙西南各地级市，而浙东北和浙西南内部各地级市之间的差距则相对较小。

第6章 劳动分工对产融结合效率的影响及机制分析

从分工理论视角看，分工的细化固然可以通过劳动的专业化增进劳动者技巧、提高人力资本、促进技术创新，产生递增的规模报酬，但是随着分工的细化，生产链条长度的增加，链条上每个环节产品种类的增长，交易费用也呈现着不断上升的趋势。因此，劳动分工和产融结合效率之间的关系可能会随着劳动分工的程度和时间而发生变化，找到与当前劳动分工相适应的产融结合规模，既可指导产融结合型企业避免低效率运营，也有利于政府有关部门把握产融结合现状，为制定促进制造业转型升级与金融体制改革相关政策提供科学依据。基于此，本章从经营成本视角入手，构建了劳动分工影响产融结合效率的理论与实证模型，考察劳动分工对产融结合效率的影响。

6.1　影响机制

亚当·斯密在其《国富论》开篇就提到了劳动分工，并认为分工是国民财富增进的源泉，市场分工可以提高劳动生产率，促进财富积累。分工细化固然可以通过专业化增进劳动者技巧、提高人力资本、促进技术创新，产生递增的规模报酬。但是随着分工细化，生产链条长度增加，链条上每个环节产品种类增长，交易费用也呈现着不断上升的趋势。企业作为和市场不同的分工组织形式，企业内部的生产要素可以通过避免签订和执行市场合约等形式，巧妙地将一系列较高交易费用的活动纳入分工，但是又不必承担其高昂的交易费用，有效提高资源配置效率。但是随着企业的生产，企业经营风险的隐蔽性大幅度制约了金融机构与融资需求企业之间供求匹配。一方面企业不能获得充足的产业资本，严重制约了产业部门投资以及其进一步发展；另一方面，由于信息不对称问题，金融机构也无法精确贷款，严重影响金融部门与融资需求企业之间的匹配，大幅降低了金融资本配置效率。

产融结合作为一种生产管理和资产组合管理分工的新方式，是连接市场和企业这两种组织形式的桥梁，主要通过非金融企业和金融机构互相参股的形式，有效地融合产业资本和金融资本。对于企业而言，产融结合能够给企业提供有效的金融支持。在产融结合的过程中，企业与金融机构之间信息沟通成本降低，企业能够以更快的速度与更低的交易费用从金融机构获取到更多的资金支持，同时产业资本循环流转速率和增值速度的提升，为企业生产规模扩大提供必需的资本条件，有效地促进企业生产、市场规模的扩大，最终实现企业多元化发展，加快国际化发展进程。因此产融结合具有一般的企业融资模式无可比拟的优势，其大幅度提高了生产管理和资产组合管理的交易效率，从而显著降低了融资成本，提高了资本配置效率和产融结合效率。

鉴于此，本章提出如下假设：

假设 H6 - 1：劳动分工的进一步深化有助于提升企业产融结合效率。

假设 H6 - 2：劳动分工对产融结合效率除了直接影响之外，还会通过降低经营成本进一步提高企业产融结合效率，即经营成本在劳动分工促进产融结合效率的过程中发挥着中介效应的作用。

6.2　模型设定与描述性分析

本研究以 2007 ~ 2018 年浙江省 11 个地级市为研究样本。各变量的数据均来源于《中国城市统计年鉴》《浙江统计年鉴》以及 EPS、Wind 等数据库，部分缺失数据通过查找各地级市的统计年鉴与年报获得。

6.2.1　模型设定

1. 双向固定效应面板模型

基于 2007 ~ 2018 年的浙江省 11 个地级市的市际面板数据，选取兼具个体固定效应与时间固定效应的双向固定效应模型实证甄别劳动分工对制造业企业产融结合效率的影响，基准回归模型设定如下：

$$\ln crjh_{it} = \alpha_0 + \alpha_1 \ln X_{it} + \beta X'_{it} + \eta_i + \delta_t + \upsilon_{it} \qquad (6-1)$$

其中，i 为各地级市，t 为年份，η_i 和 δ_t 分别为地区和年份的个体固定效应和时间固定效应。$\ln crjh_{it}$ 为被解释变量，表示 i 市域在 t 期的制造业产融结合效率；$\ln X_{it}$ 为核心解释变量，表示 i 市域在 t 期的劳动分工。X'_{it} 表示其他控制变量，包括文献已经识别出的影响制造业产融结合效率的主要因素：一是企业规模 $\ln qygm_{it}$：规模大的企业可以调动的资源多，有条件进入金融领域获取高额利润，企业还可以根据现实情况合理配置多方资源实现最大产出。赵世勇和陈其广（2007）、张各兴和夏大慰（2011）等的研究表明，企业规模与技术效率之间存在显著的相关关系。本章采用各地市制造业年末总资产的自然对数来表征。二是资产负债 $\mathrm{ln}zcfz_{it}$：产融结合型上市公司以实业为主的同时，有参股金融机构的行为，其产融结合效率不同于实体企业或金融机构的技术效率。为了体现这种差异，本章将财务风险作为产融结合效率的影响因素，这是因为当制造企业参股金融机构时，面临的金融业高风险尤其是财务风险的加大，会降低产融结合效率。本章采用各地市制造业公司资产负债率来表征。

2. 空间计量模型

学界常用的空间回归模型主要是空间滞后模型（SLM）和空间误差模型（SEM）。

空间滞后模型主要用于探讨相邻地级市的变量对整个系统内其他地级市的同一变量存在影响的情况，其表达式为：

$$y = \rho W y + X\beta + \varepsilon \tag{6-2}$$

式中，y 表示 $n \times 1$ 的因变量，ρ 表示空间相关系数，W 表示 $n \times n$ 的空间权重矩阵，Wy 表示空间滞后因变量，X 表示 $n \times n$ 特征自变量矩阵，β 反映自变量对因变量的影响程度，ε 为随机误差项向量。

空间误差模型主要用于探讨误差项之间存在空间自相关的情况，其表达式为：

$$y = X\beta + \varepsilon, \varepsilon = \lambda W \varepsilon + \mu \tag{6-3}$$

式中，ε 为随机误差项向量，β 为 $n \times 1$ 阶因变量的空间误差系数，λ 为空间残差回归系数，W 表示 $n \times n$ 的空间权重矩阵，μ 为正态分布的随机误差向量。

3. 中介效应模型

劳动分工可能通过中介变量对制造业产融结合效率产生影响，为了检验中介效应，本章采用规范的中介效应模型并基于双向固定效应面板模型（邵帅和张可等，2019）开展进一步的实证考察，具体方程形式如下：

$$\ln crjh_{it} = \alpha_0 + \alpha_1 \ln X_{it} + \beta X'_{it} + \eta_i + \delta_t + \upsilon_{it} \qquad (6-4)$$

$$\ln me_{it} = \alpha_0^1 + \alpha_1^1 \ln X_{it} + \beta^1 X'_{it} + \eta_i^1 + \delta_t^1 + \upsilon_{it}^1 \qquad (6-5)$$

$$\ln crjh_{it} = \alpha_0^2 + \alpha_1^2 \ln X_{it} + \alpha_2^2 \ln me_{it} + \beta^2 X'_{it} + \eta_i^2 + \delta_t^2 + \upsilon_{it}^2$$

$$(6-6)$$

方程式（6-4）~式（6-6）构成了中介变量 $\ln me_{it}$ 的中介效应模型。该模型的检验步骤为：第一步，检验方程式（6-4）的回归系数 α_1，如果显著则进行后续检验，反之终止检验；第二步，检验方程式（6-5）和式（6-6）的回归系数 α_1^1 和 α_2^2，如果都显著则意味存在中介效应；第三步，检验方程式（6-6）的回归系数 α_1^2，如果不显著则意味仅存在中介效应，即存在完全中介效应，如果显著则意味直接效应和中介效应均存在，即存在部分中介效应。

6.2.2 空间数据分析

1. 探索性空间数据分析

本研究使用全局 Moran's I 指数和全局 G 指数对高新技术

制造业产融结合效率进行全局自相关分析，其计算公式如下：

$$I = \frac{n \sum\limits_{i=1}^{n} \sum\limits_{j=1}^{n} W_{ij} |x_i - \bar{x}| |x_j - \bar{x}|}{\sum\limits_{i=1}^{n} \sum\limits_{j=1}^{n} W_{ij} \sum\limits_{i=1}^{n} |x_j - \bar{x}|^2} \qquad (6-7)$$

式中，x_i、x_j 分别是第 i、j 地区的高新技术制造业产融结合效率，W_{ij} 是二进制的空间权重矩阵，$\bar{x}$ 表示的是各地区的高新技术制造业产融结合效率的平均值，n 是研究区域中单元的总数。全局空间自相关系数的范围是 $[-1,1]$，其中大于 0 表示浙江省高新技术制造业产融结合效率存在正相关关系，小于 0 表示浙江省高新技术制造业产融结合效率存在负相关关系，等于 0 则说明浙江省高新技术制造业产融结合效率不存在相关关系。

2. 全局自相关

为了从整体上把握浙江省高新技术制造业产融结合效率空间聚类格局及演化情况，根据式（6-7）计算出 2007~2018 年产融结合效率全局空间自相关指数（表 6-1）。2007~2018 年产融结合效率 Moran's I 指数都小于 0，且 Z 检验值的绝对值都大于 2.58，结果均通过最大不超过 1% 的显著性检验，说明浙江省各地级市高新技术制造业产融结合效率并非随机分布，而是存在空间的关联性和依赖性，具有一定的空间溢出效应，因此，对浙江省高新技术制造业产融结合效率的研究应考虑空间因素。

表6-1　　　高新技术制造业产融结合效率全局自相关情况

项目	2007年	2008年	2009年	2010年	2011年	2012年	2013年	2014年	2015年	2016年	2017年	2018年
Moran's I	-0.221	-0.123	-0.016	-0.022	-0.073	-0.067	-0.147	-0.072	-0.007	-0.067	-0.089	-0.190
E (I)	-0.100	-0.100	-0.100	-0.100	-0.100	-0.100	-0.100	-0.100	-0.100	-0.100	-0.100	-0.100
Z (I)	-3.661	-3.173	-3.657	-3.861	3.154	3.184	-3.270	3.163	3.585	3.187	-4.021	-4.556

6.2.3　描述性统计

表6-2给出了主要变量的描述性统计。可以看出，在考察的样本区间内，产融结合效率均值为-0.4902，距离最优边界还有一定距离，其标准差为1.0333，企业规模和资产负债率标准差为1.8281和1.3930，说明研究区间内各地级市的企业存在着较大的差异，这进一步提高了本研究的意义。劳动分工、金融支持、税率的标准差分别为1.1719、1.3561和1.4863，表明产融结合影响变量的波幅较大，且在样本期间也有着不同程度的变化，为进一步考察劳动分工、金融支持和税率对产融结合效率的影响提供了可能。同时中介变量数据在不同阶段不同个体间也存在着较大的差异，为我们验证"劳动分工—经营成本—产融结合效率""金融支持—现金流—产融结合效率""税率—企业创新—产融结合效率"这三个影响机制提供了可能。

表6-2　　　　　　　　变量的描述性统计

变量	标识	样本量	均值	标准差	最小值	最大值
产融结合效率	lncrjh	132	-0.4902	1.0333	-6.1351	1.1969
企业规模	lnqygm	132	24.2544	1.8281	20.9112	27.7006
资产负债率	lnzcfz	132	1.5226	1.3930	-1.2743	3.9339
劳动分工	lnldfg	132	-0.8944	1.1719	-1.3418	-0.5155

续表

变量	标识	样本量	均值	标准差	最小值	最大值
经营成本	lnjycb	132	23.7085	1.7824	20.1075	27.4765
金融支持	lnjrzc	132	0.5442	1.3561	−2.7215	2.7676
现金流	lnxjl	132	21.2366	1.8683	16.3213	24.8303
税率	Lnsl	132	0.6172	1.4863	−5.4286	3.4736
企业创新	lnrycx	132	9.4045	1.2712	5.7621	11.4968

6.2.4 单位根检验

直接对不平稳的数据进行面板回归可能会导致伪回归的问题，为了避免这个问题有必要进行各变量的平稳性检验。我们选取 ADF 检验对各变量的平稳性进行检验，根据表 6 - 3，从平稳性的检验结果可以看出，所有变量都是一阶单整的，因此可以进一步进行回归分析。

表 6 - 3 ADF 检验

变量	标识	t 统计量	趋势形式	P 值	结论
产融结合效率	lncrjh	64.6743	(I,T,0)	0.0000	平稳
企业规模	lnqygm	36.2985	(I,T,0)	0.0282	平稳
资产负债率	lnzcfz	42.2717	(I,0,0)	0.0058	平稳
劳动分工	lnldfg	38.0303	(I,T,0)	0.0182	平稳
经营成本	lnjycb	37.3099	(I,T,0)	0.0219	平稳
金融支持	lnjrzc	40.7145	(I,T,0)	0.0089	平稳
现金流	lnxjl	71.2657	(I,T,0)	0.0000	平稳
税率	lnsl	40.0726	(I,0,0)	0.0106	平稳
企业创新	lnrycx	33.9103	(I,T,0)	0.0502	平稳

注：表中 T 表示有趋势的检验模式，I 表示仅含有截距项的检验模式，0 表示什么都不含的检验模式。

6.3　实证检验

6.3.1　基准模型

　　基准回归模型如表 6-4 所示，其中列（1）为混合 OLS 模型，其基本假设为不存在个体效应，根据其回归结果可以发现劳动分工对产融结合效率的影响在 1% 的水平下显著为正。列（2）~ 列（5）分别增加对个体固定效应、个体随机效应、双向固定效应以及双向随机效应的控制，可以发现，无论是在哪个模型，劳动分工都对产融结合效率具有明显的促进作用，而且都在 1% 的显著水平下显著，只是系数大小稍有变化。同时控制变量的符号在上述 5 个回归中系数符号都没有发生变化，这进一步证明了回归的稳健性。在选择最优模型的过程中，根据列（2）、列（4）的 F 检验结果判定两种固定效应模型均优于混合效应模型，再由豪斯曼（Hausman）检验结果判定这两种固定效应模型均优于随机效应模型，最后由列（4）的 F 统计量可知双向固定效应模型通过显著性检验，因此，判定列（4）为最优面板数据模型。同时列（4）也是上述 5 个模型中拟合优度最高的。

表 6-4　　　　　　　　基准回归结果

解释变量	（1）	（2）	（3）	（4）	（5）
lnldfg	1.2949 ***	3.8156 ***	1.9225 ***	1.7455 ***	1.2516
	(2.85)	(3.82)	(2.60)	(3.05)	(1.15)
lnqygm	0.0275	0.1388	0.0087 ***	0.3858 **	0.3196 *
	(0.21)	(2.94)	(0.05)	(2.12)	(1.76)

续表

解释变量	(1)	(2)	(3)	(4)	(5)
lnzcfz	−0.4718 *** (−2.72)	−0.1807 *** (−3.63)	−0.2755 *** (−3.19)	−0.0228 (−0.08)	−0.5334 ** (−2.23)
常数项	是	是	是	是	是
个体固定效应	否	是	否	是	否
个体随机效应	否	否	是	否	是
时间固定效应	是	否	否	是	否
时间随机效应	是	否	否	是	是
R^2	0.3840	0.1963	0.1404	0.4092	0.3549
F 统计量	53.71 ***	9.60 ***		5.29 ***	
Wald 统计量			27.06 ***		62.48 ***
F 检验		8.99 ***		11.50 ***	
Hausman 检验		11.11 **		16.10 ***	

注: *** 、** 和 * 分别表示回归系数在 1% 、5% 和 10% 的显著性水平下显著。

因此，本章着重对列（4）进行分析，同时下文的进一步讨论也将基于双向固定模型。在列（4）中，劳动分工对企业产融结合效率的影响在 1% 的水平下显著为正，其系数为 1.7455，这表明在其他条件保持不变时，劳动分工每提高 1%，企业产融结合效率会提高 1.7455，假设 H6 − 1 得到证实。控制变量方面，其中企业规模的回归系数显著为正，资产负债比的系数不显著，符合预期。企业规模越大意味着企业可以调用的资源越多，可以更充分地吸收利用获得的金融资源，同时还可以根据现实情况进行资源配置的调整，在有限的资源条件下更接近最大产出边界，实现产出的最大化。

一般认为对企业而言存在最优的资产负债比。适当的财务杠杆有利于企业扩大生产规模，开拓新市场，增强企业活力，但是过度的财务杠杆会使企业融资成本进一步加剧，甚至陷入无款可贷的境地，放大了企业内部的风险。因此，资产负债率对产融结合效率的线性回归可能因为无法揭示这种关系而表现为回归系数的不显著。

6.3.2 稳健性

表6-5列示了逐步回归结果。其中，列（1）仅考虑核心解释变量劳动分工的影响，列（2）考虑劳动分工、企业规模对产融结合效率的影响，列（3）考虑劳动分工、企业规模与资产负债对产融结合效率的影响。由表6-5可知，在不断加入控制变量的同时，劳动分工对产融结合效率影响的系数虽然大小有一定幅度的变动，但是其方向始终未发生变化，且其始终保持在1%的水平下显著，同时在不断加入控制变量的同时，模型的拟合优度有一定幅度的提升，这也说明了模型设置的合理性。

表6-5 逐步回归结果

解释变量	（1）	（2）	（3）
lnldfg	3.1740* (1.97)	1.7455*** (3.05)	1.7455*** (3.05)
lnqygm		0.3951** (2.80)	0.3858** (2.12)
lnzcfz			-0.0228 (-0.08)
常数项	是	是	是

171

解释变量	（1）	（2）	（3）
个体固定效应	是	是	是
时间固定效应	是	是	是
R^2	0.3663	0.4091	0.4092
F 统计量	5.20***	5.70***	5.29***
F 检验	22.74***	14.30***	11.50***
Hausman 检验	17.21***	24.24***	16.10***

注：***、**和*分别表示回归系数在1%、5%和10%的显著性水平下显著。

6.3.3 分位数模型

为进一步考察当浙江省各地级市产融结合效率不同时，劳动分工对产融结合效率的影响是否存在差异，考虑到分位数回归模型可以较好地排斥极端值干扰，有效刻画多元回归函数条件分布情况，本研究采用10%、25%、50%、75%与90%五个代表性分位点进行分位数回归，以分析劳动分工对产融结合效率的影响，分位数模型各分位点回归结果依次如表6-6中列（1）～列（5）所示。

表6-6 分位数回归结果

解释变量	（1）	（2）	（3）	（4）	（5）
lnldfg	1.5705* (1.82)	1.4426*** (2.76)	1.2757*** (2.71)	1.1846** (2.56)	0.6893* (1.91)
lnqygm	0.0412 (0.16)	-0.1022 (-0.67)	-0.1565 (-1.14)	-0.0671*** (0.05)	-0.2329 (-1.22)

续表

解释变量	（1）	（2）	（3）	（4）	（5）
lnzcfz	0.6441 * （1.96）	0.6786 *** （3.41）	0.5549 *** （3.09）	- 0.4050 ** （- 2.29）	0.5981 ** （2.39）
常数项	是	是	是	是	是
个体固定效应	是	是	是	是	是
个体随机效应	否	否	否	否	否
时间固定效应	是	是	是	是	是
时间随机效应	否	否	否	否	否
R^2	0.3757	0.3211	0.2281	0.2034	0.2335

注：*** 、 ** 和 * 分别表示回归系数在 1%、5% 和 10% 的显著性水平下显著。

由表 6 - 6 可知，劳动分工的回归系数依次为 1.5705、1.4426、1.2757、1.1846、0.6893，在 5 个分位点处，回归系数均为正值，表明劳动分工均能对产融结合效率产生促进作用。但回归系数的绝对值呈现出递减趋势，表明当产融结合效率不同时，劳动分工对产融结合效率的影响存在显著差异，对于产融结合效率较低的城市而言，劳动分工对产融结合效率有着更为显著的促进作用，而对于产融结合效率较高的地区而言，劳动分工对产融结合效率的促进作用则有所减弱。因此，在一定程度上劳动分工水平的提高可以缩小城市之间产融结合效率的差距。

6.3.4 空间计量模型

首先，对比普通最小二乘法（OLS）模型和空间滞后模型、空间误差模型的优劣。因空间计量模型估计方法为 MLE

估计，故拟合优度不能作为评判准则，可将 AIC 及 SC 作为评判准则。对比表 6 – 7 的检验结果不难发现，空间计量模型的 AIC、SC 值更小，所以空间计量模型优于普通最小二乘法模型，这意味着控制了空间依赖性后的空间计量模型更为科学。其次，比较空间滞后模型和空间误差模型的适当性。结合表 6 – 7 可以看出，空间滞后模型的 AIC、SC 值比空间误差值更小，故最终选取空间滞后模型分析劳动分工对产融结合效率的影响。

表 6 – 7 空间计量模型回归结果

指标	普通最小二乘法		空间滞后		空间误差	
	系数	P 值	系数	P 值	系数	P 值
C	1. 0211	0. 542	1. 3981	0. 777	0. 2682	0. 961
lnldfg	1. 7455	0. 007	1. 6444	0. 047	1. 6638	0. 065
lnqygm	0. 3858	0. 234	– 0. 0350	0. 856	0. 0129	0. 952
lnzcfz	– 0. 0228	0. 804	0. 3174	0. 314	0. 2740	0. 408
R^2	0. 4092		0. 5288		0. 5368	
AIC	311. 5398		300. 1485		301. 5787	
SC	323. 7866		320. 3281		321. 7583	
空间滞后项			0. 1528	0. 009		
空间误差项					0. 0974	0. 252

观察空间滞后模型，从直接效应看，劳动分工的回归系数为 1. 6444，且在 5% 的水平下显著，可见，劳动分工对产融结合效率提高有显著促进作用。与普通最小二乘法模型劳动

分工的估计系数相比，空间滞后模型劳动分工的估计系数相对较低，可见，用传统的普通最小二乘法模型估计劳动分工的影响存在一定程度的高估现象。从间接效应看，空间滞后系数在1%的统计水平上显著，即浙江省各地级市产融结合效率存在显著的空间溢出效应，由模型可知，周边地级市产融结合效率每增加1%，会导致当地城市产融结合效率增加0.1528%，即周边城市产融结合效率的提高会带动本地产融结合效率的提高。

6.3.5　机制研究

劳动分工作为一种生产管理和资产组合管理分工的新方式，一方面可以通过连接市场和企业这两种组织形式，给企业提供足够的金融支持，进而提高产融结合效率；另一方面其还能降低企业与金融机构之间的信息不对称，大幅度降低企业的经营成本，从而实现以更低的成本达到预期的经营目标，以此实现更高的产融结合效率。为此，本研究通过验证劳动分工带来的企业经营成本的降低和经营成本对企业产融结合效率的影响，分析劳动分工通过影响企业经营成本进而提高企业产融结合效率的内在机制。

机制检验结果如表6-8所示，其中列（1）为基准回归模型，列（2）为劳动分工影响经营成本的回归模型，列（3）将经营成本引入基准回归模型。

表6-8   中介效应模型回归结果

解释变量	（1）	（2）	（3）
lnldfg	1.7455*** (3.05)	-0.6505*** (-3.34)	1.4189*** (6.73)
lnjycb			-0.5020* (-1.77)
控制变量	是	是	是
常数项	是	是	是
个体固定效应	是	是	是
时间固定效应	是	是	是
R^2	0.4092	0.9325	0.4261
F统计量	5.29***	105.53***	5.25***
F检验	11.50***	55.93***	11.56***
Hausman检验	16.10***	7.91**	18.83***

注：***、**和*分别表示回归系数在1%、5%和10%的显著性水平下显著。

首先我们从列（1）的回归结果可以看出劳动分工对产融结合效率的影响为正，且在1%的水平下显著，这说明劳动分工对产融结合效率的总效应是正相显著的，可以进行进一步中介效应分析。接下来考虑劳动分工对企业经营成本的影响，列（2）中劳动分工的估计系数为-0.6505，且通过1%的显著性检验，意味着劳动分工将会对企业经营成本产生显著负向影响，这表明来自企业经营成本的中介效应显著，无须进行Sobel检验。同时在控制了企业经营成本的中介效应以后，劳动分工对企业产融结合效率的影响从1.7455显著降低到了1.4189，这表明了劳动分工不但可以直接影响企业产融结合效率，还能通过降低企业经营成本，间接提高产融结合效率，验证了"劳动分工—企业经营成本—产融结合效率"的传导路径，假设 H6 - 2 得到证实。

6.4 异质性分析

浙东北和浙西南之间产融结合效率与劳动分工存在较大差异，对于东部地区而言，劳动分工程度较高，产融结合效率也较高，因此有必要对浙东北和浙西南分别进行回归，考察上述回归结果是否在浙东北地区和浙西南地区存在差异。表 6 - 9 中列（1）和列（4）分别为浙东北、浙西南基准回归模型，列（2）和列（5）分别为浙东北、浙西南劳动分工影响经营成本的回归模型，列（3）和列（6）中分别将浙东北、浙西南的经营成本引入基准回归模型。

表 6 - 9 　　　　　　浙东北与浙西南异质性分析

解释变量	浙东北			浙西南		
	(1)	(2)	(3)	(4)	(5)	(6)
lnldfg	0.5487 **	-0.1742 ***	0.4856 ***	-3.8347 ***	0.6250 ***	-3.0788 ***
	(2.32)	(-5.57)	(3.25)	(-3.26)	(2.77)	(-2.88)
lnjycb		-0.3625 ***				-1.2093 **
		(-2.98)				(-2.58)
控制变量	是	是	是	是	是	是
常数项	是	是	是	是	是	是
个体固定效应	是	是	是	是	是	是
时间固定效应	是	是	是	是	是	是
R^2	0.5950	0.9539	0.6024	0.3767	0.9300	0.4658

解释变量	浙东北			浙西南		
	(1)	(2)	(3)	(4)	(5)	(6)
F 统计量	5.46 ***	76.87 ***	5.15 ***	1.77 *	38.90 ***	2.33 **
F 检验	7.22 ***	14.19 ***	6.70 **	7.12 ***	53.36 ***	7.93 ***
Hausman 检验	9.77 **	17.67 ***	7.56 *	22.38 ***	9.92 **	30.98 ***

注：*** 、** 和 * 分别表示回归系数在 1% 、5% 和 10% 的显著性水平下显著。

分析表6-9列（1）和列（3）可知，在浙东北地区无论是劳动分工对产融结合效率的总效应还是净效应都是显著为正的，而在浙西南则恰恰相反，无论是总效应还是净效应都是显著为负。究其原因，可能是劳动分工对产融结合效率的影响不是简单的线性关系，在产融结合不同程度与不同阶段都有明显的异质性。对于具有不同经营模式的产业资本与金融资本，其内部存在着一定的冲突，在产融结合初期，劳动分工的深化会凸显出实体企业和金融企业之间的矛盾和冲突，实体企业和金融企业之间互相持股的复杂化会产生较多的内部交易和关联交易，有效信息的传递难度较大，实体企业和金融企业之间的交易成本不降反升。从而对处于产融结合初期且产融结合程度较低的浙西南地区而言，劳动分工的深化可能会出乎意料地降低产融结合效率。而对于产融结合已经比较成熟且产融结合程度较高的浙东北地区而言，实体企业和金融企业的冲突和矛盾部分适应，劳动分工对产融结合效率的促进作用已经部分显现出来，因此劳动分工表现为对产融结合效率具有促进作用。

由表6-9的列（2）与列（5）可见，在浙东北地区，劳动分工的提升结果是显著降低企业经营成本，而对浙西南地区而言，劳动分工则会显著提升企业的经营成本，这与上述分析吻合，在产融结合初期，虽然劳动分工会带来一定程度的经营成本降低，但是由于过多的内部交易与关联交易掩盖了劳动分工带来的好处，从整体的经营成本来看，劳动分工反而会导致企业经营成本的上升，因此在浙西南地区，劳动分工会显著提升企业的经营成本；当产融结合较为成熟，劳动分工降低经营成本的好处显现出来时，如浙东北地区回归的结果所示，劳动分工会显著的降低企业的经营成本。而列（3）和列（6）无论是浙东北还是浙西南，劳动分工对产融结合的总效应绝对值都是明显大于其净效应的绝对值，再结合上述分析，可见无论是浙东北还是浙西南，企业经营成本都在劳动分工影响产融结合效率的路径上起着不可忽视的中介作用。

6.5　本章小结

本章基于2007～2018年浙江省地级市面板数据，考察了劳动分工与制造业产融结合效率两者的关系。基准结果及一系列稳健性检验结果均表明，劳动分工的进一步深化有助于提升当地的产融结合效率。具体地，劳动分工对产融结合效率除了直接影响之外，还会通过经营成本间接对产融结合效率产生影响，即经营成本在劳动分工促进产融结合效率的过程中发挥着中介效应的作用。

本章还进一步考察了劳动分工对制造业的动态与空间影

响。分位数回归结果显示，产融结合效率不同时，劳动分工对产融结合效率的影响存在显著差异，对于产融结合效率较低的城市而言，劳动分工对产融结合效率有着更为显著的促进作用，而对于产融结合效率较高的地区而言，劳动分工对产融结合效率的促进作用则有所减弱。空间计量结果显示浙江省各地级市产融结合效率存在显著的空间溢出效应，周边城市产融结合效率的提高会带动本地产融结合效率的提高。

最后，本章还对浙东北与浙西南地区进行异质性分析。研究结果显示在浙东北地区，无论是劳动分工对产融结合效率的总效应还是净效应都是显著为正的，而在浙西南无论是总效应还是净效应都是显著为负。在浙东北地区，劳动分工的提升结果是显著降低企业经营成本，而对浙西南地区而言，劳动分工则会显著提升企业的经营成本。但无论是浙东北还是浙西南，企业经营成本都在劳动分工影响产融结合效率的路径上起着中介作用。

第 7 章　金融支持对产融结合效率的影响及机制分析

从企业微观视角看，高技术企业在投资发展的过程中，融资约束问题会严重影响企业投资决策，导致实际投资水平低于最优投资水平，进而阻碍企业经营效率提升。金融支持很大程度上可以通过缓解企业面临的融资约束问题，促成企业平稳快速的发展，实现扩大企业经营规模的目标，进而提升企业的产融结合效率。鉴于此，本章从微观企业视角入手，构建了金融支持影响产融结合效率的理论与实证模型，并在统一框架中着重研究了企业融资约束在金融支持与产融结合效率间的中介作用，以全面考察金融支持、企业融资约束、产融结合效率三者间的关系。

7.1　影响机制

从企业微观视角看，企业的融资约束是影响企业发展的一个重要方面，而企业的融资又可以分为内部融资和外部融资。因此，企业的外部融资环境以及获取的金融支持力度在很大程度上决定了企业能否平稳快速的发展，尤其是对内外部信息不对称较为严重、资金流动性受限、缺乏足够的资金来保障高风险自主创新的高技术企业而言，更是如此。相对于产品市场，我国金融市场体制改革较晚，企业获得外部金融支持的主要渠道仍是正规金融机构的贷款。金融支持主要可以通过以下几个渠道影响企业的产融结合效率。第一，较好地动员民间投资资金，并以借贷的方式贷款给企业，缓解企业高风险自主创新所需资本不足的问题。第二，企业在获取外源性金融资本中往往会因为市场信息不对称而导致逆向选择和道德风险，从而无法获得充足的资金来实现最优研发投入。而金融支持可以产生大量外部信息，降低投资者获取信息的成本，建立中小企业担保机制，降低金融机构贷款风险，缓解企业融资约束。第三，建立风险投资机制，对不同程度的风险项目进行投资组合、风险分散，以降低长期投资项目中的系统性风险，从而使得技术升级型高风险项目对投资者更具吸引力，企业进而更容易获取资金来扩大生产规模，以实现更好的发展。总而言之，金融支持可以实现产业部门和金融部门更好、更优的联系，改善企业外部融资环境，获得融资规模、融资平台、融资利率和融资期限等方面的优惠政策，同时，还可以充分利用产业资本与金融资本融合带来的金融机构内部的信息、技术、人力资源等外部优势实现扩大企业经营规模的目标。

总之，高技术企业在进行自主创新决策的过程中，融资约束问题会严重影响企业的创新投入，导致实际投资水平显著低于最优投资水平，阻碍企业经营效率提升。金融支持很大程度上可以通过大幅度地缓解企业面临的融资约束问题而提升企业的产融结合效率。

因此本章提出以下假设：

假设 H7 - 1：金融支持的进一步加强有助于提升企业产融结合效率。

假设 H7 - 2：金融支持对产融结合效率除了直接影响之外，还会通过降低企业融资约束，进一步提高企业产融结合效率，即融资约束在金融支持促进产融结合效率的过程中发挥着中介效应的作用。

本章各变量的数据均来源于《中国城市统计年鉴》《浙江

统计年鉴》以及 EPS、Wind 等数据库，部分缺失数据通过查
找各地级市的统计年鉴与年报获得。模型的选取与相关变量
的设定方式均与本书第 6 章相同，且各变量的平稳性均通过
了 ADF 检验，可以进行进一步回归分析。

7.2 实证检验

7.2.1 基准回归

回归结果如表 7 -1 所示。

表 7 -1 基准回归结果

解释变量	（1）	（2）	（3）	（4）	（5）
lnjrzc	0. 9052 *** （4. 49）	0. 4967 ** （2. 52）	0. 6000 *** （3. 11）	0. 1047 *** （4. 50）	0. 2475 ** （2. 19）
lnqygm	0. 0025 （0. 02）	0. 2711 ** （2. 05）	0. 1502 （1. 26）	0. 4288 ** （2. 34）	0. 2912 * （1. 59）
lnzcfz	− 1. 2809 *** （ − 4. 74）	0. 2559 （0. 66）	− 0. 7551 ** （ − 2. 58）	− 0. 1863 ** （ − 2. 51）	− 0. 8383 *** （ − 2. 80）
常数项	是	是	是	是	是
个体固定效应	否	是	否	是	否
个体随机效应	否	否	是	否	否
时间固定效应	是	否	否	是	否
时间随机效应	是	否	否	否	是
R^2	0. 4342	0. 1429	0. 1312	0. 4045	0. 3250
F 统计量	60. 73 ***	6. 56 ***		5. 19 ***	

续表

解释变量	(1)	(2)	(3)	(4)	(5)
Wald 统计量			35.53***		63.84***
F 检验		6.11***		9.86***	
Hausman 检验			8.70**		21.22***

注：***、**和*分别表示回归系数在1%、5%和10%的显著性水平下显著。

表7-1中，列（1）为混合 OLS 模型，其基本假设为不存在个体效应；列（2）～列（5）分别增加对个体固定效应、个体随机效应、双向固定效应以及双向随机效应的控制。从回归的结果整体来看，各列的回归结果都是较为相似的，其中的核心变量金融支持的系数都是正，且都至少在5%的水平下显著，其中控制变量的回归系数也较为相似，这一定程度是证实了回归的稳定性。在选择最优模型过程中，首先由列（2）、列（4）的F检验结果判定两种固定效应模型均优于混合效应模型，再由豪斯曼检验结果判定这两种固定效应模型均优于随机效应模型，最后由列（4）的F统计量可知，双向固定效应模型通过显著性检验。因此，判定列（4）为最优面板数据模型。同时，列（4）的拟合优度也是各个模型中较高的一个。因此下面着重分析列（4）的回归结果，下文的进一步研究也是基于个体时点双固定模型。从列（4）的回归结果看，金融支持每提高1%，可以导致企业产融结合效率提高0.1047%，其该回归系数在1%的水平下显著。这验证了假设 H7-1，金融支持可以通过大幅度缓解企业面临的融资约束问题而显著提高企业的产融结合效率。控制变量的回归结果可以看出，企业规模对产融结合效率也有一定的促进作用，其回归系数为0.4288，且其系数

在5%的水平下显著，大企业相比较于小企业而言，可以更充分地吸收利用获得的金融资源，资源配置调整具有更大自由度，在相同的资源约束下可以实现更大的产出。资产负债率的回归系数为 -0.1863，且在5%的水平下显著，可以看出，大部分企业已经超出了最优的资产负债率水平，资产负债率已经在一定程度上对企业产融结合效率起到了抑制作用。

7.2.2　稳健性

表7-2列示了逐步回归结果，其中，列（1）仅考虑核心解释变量金融支持的影响，列（2）考虑金融支持与企业规模对产融结合效率的影响，列（3）考虑金融支持、企业规模与资产负债对产融结合效率的影响。由表7-2可知，在不断加入控制变量的同时，金融支持对企业产融结合效率影响的系数从0.2232、0.0357到0.1047，有着小幅的变动，但是其系数始终为正，表明企业金融支持的加强对企业产融结合效率的提升有着稳定的促进作用，且其始终保持在1%的显著水平下显著。同时，随着控制变量的不断加入，模型的拟合优度有一定幅度的提升，这也说明了模型设置的合理性。

表7-2　　　　　　　　　　逐步回归结果

解释变量	(1)	(2)	(3)
lnjrzc	0.2232 ***	0.0357 **	0.1047 ***
	(3.72)	(2.50)	(4.50)
lnqygm		0.4646 ***	0.4288 **
		(2.76)	(2.34)
lnzcfz			-0.1863 **
			(-2.51)

续表

解释变量	(1)	(2)	(3)
常数项	是	是	是
个体固定效应	是	是	是
时间固定效应	是	是	是
R^2	0.3609	0.4031	0.4045
F 统计量	5.13***	5.61***	5.19***
F 检验	13.39***	15.38***	9.86***
Hausman 检验	11.34***	21.22*	26.34***

注：***、** 和 * 分别表示回归系数在 1%、5% 和 10% 的显著性水平下显著。

7.2.3 分位数模型

为进一步考查当浙江省各地级市产融结合效率不同时，金融支持对产融结合效率的影响是否存在差异，本章运用分位数回归方法对金融支持与高新技术制造业产融结合效率的主效应进行估计（见表 7 - 3）。

表 7 - 3 　　　　　　　　分位数回归结果

解释变量	(1)	(2)	(3)	(4)	(5)
Lnjrzc	0.5549* (2.05)	0.9010** (1.93)	1.1711*** (6.16)	0.9858*** (4.28)	0.9051*** (6.01)
lnqygm	0.0965 (0.37)	0.0868 (0.51)	0.0396 (0.35)	-0.1903 (-1.39)	-0.1635* (-1.83)
lnzcfz	1.4515** (2.46)	0.9313** (2.44)	1.4449*** (5.67)	1.5201*** (4.92)	1.3443*** (6.65)

续表

解释变量	（1）	（2）	（3）	（4）	（5）
常数项	是	是	是	是	是
个体固定效应	是	是	是	是	是
个体随机效应	否	否	否	否	否
时间固定效应	是	是	是	是	是
时间随机效应	否	否	否	否	否
R^2	0.3766	0.3299	0.2587	0.2168	0.3011

注：***、** 和 * 分别表示回归系数在 1%、5% 和 10% 的显著性水平下显著。

表 7-3 的列（1）～列（5）分别给出了 0.10、0.25、0.50、0.75 与 0.90 等五个分位点的回归结果。可以发现，金融支持在条件分布的不同位置对高新技术制造业产融结合效率的影响表现出不同的作用强度。随着高新技术制造业产融结合效率条件分布分位点的提高，金融支持的影响系数大致呈现先上升后下降的趋势。具体来说，在分位点 0.10、0.25、0.50、0.75、0.90 上，金融支持对高新技术制造业产融结合效率的影响系数分别为 0.5549、0.9010、1.1711、0.9858、0.9051，均为正数，且在所有分位点处均通过了 10% 显著性水平检验。该结果表明，处于 0.50 与 0.75 分位点的高新技术制造业产融结合效率受金融支持的积极影响大于其他分位点，且在 0.50 分位点处的促进效应最大。

7.2.4　空间计量模型

首先，对比普通最小二乘法模型和空间滞后模型、空间误差模型的优劣。根据表 7-4 的检验结果不难发现，空间计量模型的 AIC、SC 值更小，所以空间计量模型优于普通最小二乘法模型，这意味着控制了空间依赖性后的空间计量模型更为科学。其次，比较空间误差和空间滞后模型的适当性。结合表 7-4 可以看出，空间滞后模型的 AIC、SC 值比空间误差值更小，故最终选取空间滞后模型分析金融支持对产融结合效率的影响。

表 7-4 空间计量模型回归结果

指标	普通最小二乘法		空间滞后		空间误差	
	系数	P 值	系数	P 值	系数	P 值
C	1.0211	0.542	-0.5502	0.010	-0.5633	0.013
Lnjrzc	0.1047	0.007	0.1033	0.043	0.1309	0.096
lnqygm	0.4288	0.042	0.7456	0.032	0.7335	0.034
lnzcfz	-0.1863	0.031	-3.7809	0.103	0.2740	0.408
R^2	0.2034		0.6691		0.6611	
AIC	311.5398		297.4776		298.253	
SC	323.7866		317.6572		318.4326	
空间滞后项			0.1528	0.009		
空间误差项					0.0974	0.252

由模型可知，无论是普通最小二乘法、空间滞后模型还是空间误差模型，金融支持的回归系数均显著为正，假设 H7-1 得到进一步证实。重点分析空间滞后模型的估计结果，列（2）的估计结果显示，金融支持的回归系数为 0.1033，且在 5% 的水平下显著，表明金融支持能促进高新技术制造业产融结合效率提高，且金融支持每提高 1%，会导致周边城市产融结合效率增加 0.1033%。同时，相比较于 OLS 模型金融支

持的估计系数，空间滞后模型金融支持的估计系数相对较低，可见，用传统的 OLS 模型估计金融支持的影响，存在一定程度的高估现象。空间滞后的空间滞后系数在1%的统计水平上显著，说明浙江省各地级市本地高新技术制造业产融结合效率受到邻近地区高新技术制造业产融结合效率的影响，即高新技术制造业产融结合效率驱动机制存在空间溢出效应。由模型可知，空间滞后项系数为0.1528，表明周边地级市产融结合效率每增加1%，会导致当地城市产融结合效率增加0.1528%，即周边城市产融结合效率的提高会带动本地产融结合效率的提高。

7.2.5　机制研究

根据前文理论分析，金融支持可能通过企业融资约束这个中介变量来对企业产融结合效率产生影响，下面借助中介效应模型来验证这一过程。表7-5报告了金融支持通过放宽企业融资约束影响企业产融结合效率的检验结果。

表7-5　　　　　　　中介效应模型回归结果

解释变量	（1）	（2）	（3）
lnjrzc	0.1047 *** (4.50)	0.5131 *** (3.39)	1.1031 ** (2.49)
lnxjl			0.0322 *** (5.06)
控制变量	是	是	是
常数项	是	是	是
个体固定效应	是	是	是

解释变量	（1）	（2）	（3）
时间固定效应	是	是	是
R^2	0.4045	0.6218	0.4053
F 统计量	5.19***	14.93***	4.82***
F 检验	9.86***	10.20***	9.43***
Hausman 检验	26.34***	8.48***	46.56***

注：***、** 和 * 分别表示回归系数在 1%、5% 和 10% 的显著性水平下显著。

表 7-5 中，列（1）为基准回归模型的估计结果，从回归的结果可以看出，在 1% 的显著水平下，金融支持对企业产融结合效率有着显著的正向影响。至此，满足了中介效应逐步回归法第一步，可以进行影响路径分析。列（2）反映了金融支持对融资约束（现金流）这个中介变量的影响，可以发现其估计系数为 0.5131 且在 1% 的水平下显著，表明金融支持对放宽企业融资约束起到了显著影响。列（3）展示了金融支持和融资约束对企业产融结合效率的作用大小，其中金融支持回归系数为 1.1031，且在 5% 的水平下显著，融资约束的回归系数为 0.0322，且在 1% 的水平下显著。至此，由于金融支持对产融结合效率和融资约束都有着显著影响，同时融资约束对产融结合效率也有着显著影响，中介效应得到验证：金融支持不但对产融结合有着直接效应，还能通过影响企业融资约束间接对产融结合效率产生影响。根据中介效应的计算方法可以计算出融资约束的中介效应为 0.5131 × 0.0322 = 0.0165，即金融支持水平每提高 1%，通过融资约束这个中介效应渠道提高企业产融结合效

率 0. 0165，同时通过直接效应渠道提高企业产融结合效率 1. 1031。

这表明了金融支持不但可以直接影响企业产融结合效率，还能通过降低企业经营成本，间接提高产融结合效率。至此，"金融支持—企业融资约束—产融结合效率"的传导路径得到验证，假设 H7 - 2 得到证实。

7.3　异质性分析

浙东北和浙西南两地的经济发展程度、市场化程度、金融体系完善程度都存在着较大区别，金融支持政策的落实情况和实施效果都有所差异。浙东北的市场化程度较高，金融体系也较为完善，而浙西南相比较于浙东北则市场和金融体系有所欠缺。表 7 - 6 列示了金融支持对产融结合效率影响机制的分样本检验结果，无论是在浙东北还是浙西南，金融支持对企业的现金流都具有正向影响，这说明金融支持程度的提高可以缓解企业融资约束，使企业具有更多的资金进行投资和扩大生产。然而，融资约束到产融结合效率的传导路径，在浙东北和浙西南却存在明显的异质性。对浙西南的回归结果表明，融资约束的缓解有利于产融结合效率提高，这与上述理论分析是相符的，具有更多资金的企业可以更好地进行投资决策和创新决策，实现生产经营的最优化。但是浙东北的回归则表明，企业融资约束的缓解不利于产融结合效率的提升。

表 7 −6　　　　　　　　浙东北与浙西南异质性分析

解释变量	浙东北			浙西南		
	(1)	(2)	(3)	(4)	(5)	(6)
lnjrzc	− 0.0481 *** (− 3.12)	1.1085 * (1.70)	− 0.0286 *** (− 2.97)	0.3031 *** (2.89)	0.3050 * (1.83)	3.0788 *** (2.88)
lnxjl			− 0.0176 *** (− 4.21)			1.2093 ** (2.58)
控制变量	是	是	是	是	是	是
常数项	是	是	是	是	是	是
个体固定效应	是	是	是	是	是	是
时间固定效应	是	是	是	是	是	是
R^2	0.5944	0.7392	0.6024	0.3650	0.6347	0.3651
F 统计量	5.44 ***	10.53 ***	5.15 ***	1.68 *	6.23 ***	5.53 ***
F 检验	6.37 ***	14.49 ***	6.70 **	9.45 ***	24.47 ***	8.80 ***
Hausman 检验	17.68 **	18.88 ***	7.56 *	7.66 *	3.38 *	35.19 ***

注：***、** 和 * 分别表示回归系数在 1%、5% 和 10% 的显著性水平下显著。

究其原因，可能是因为我国普遍存在中小企业获取银行贷款难，而大型企业贷款较为容易的现象。对于中小企业而言，受融资约束较为严重，很多高收益的创新投资项目受限于资金问题，难以执行。中小企业一旦获得较为充裕的资金，可以为企业的发展带来较大的效益。浙西南中小企业多于浙东北，因此融资约束的缓解表现为对产融结合效率的提升作用。而对大型企业，本身获得银行贷款较为容易，资金较为充裕，也没有较好的项目进行进一步的投资。但是银行出于对企业的信任以及出于自身利益的考虑，将更多的资金以更为优惠的利率贷款给企业，以至于企业当前的现金流大幅度超过企业本身的承载度。为了避免资金闲置的问题，企业将资金投资于效益较差的项目，或是进行过度的多元化，将大量资金投资于与自身经营领域具有较大差异的新领域。这将导致企业经营效率大幅度降低。同时涉足过多的经营领域以至于超过企业自身所能承载的极限，进而大幅度增加了企业的经营风险。因此，在浙东北融资约束的缓解表现和产融结合效率的负相关。

但是无论是浙东北还是浙西南，融资约束的中介效应都是显著的，金融支持在一定程度上都是通过融资约束对产融结合效率产生影响，只是浙东北表现为负面影响，而浙西南则表现为正向影响。

7.4　本章小结

理论分析表明，从企业微观视角，金融支持除了直接对高科技制造业产融结合效率产生促进作用，还能通过缓解融资约束间接促进高科技制造业产融结合效率提升。本章基于 2007～2018 年浙江省地级市面板数据检验了上述假设。基准结果及一系列稳健性检验结果均表明，金融支持水平提高有助于提升当地的高科技产融结合效率。分位数回归结果显示金融支持对产融结合效率的影响存在显著差异，随着高新技术制造业产融结合效率条件分布分位点的提高，金融支持的影响系数大致呈现先上升后下降的趋势。空间计量结果显示浙江省各地级市产融结合效率存在显著的空间溢出效应，周边城市产融结合效率的提高会带动本地产融结合效率的提高。

进一步的机制研究表明，金融支持不但可以直接影响企业产融结合效率，还能通过缓解企业融资约束，间接提高产融结合效率。

最后，本章还对浙东北与浙西南地区进行异质性分析，研究结果显示：无论是在浙东北还是浙西南，金融支持程度的提高都可以缓解企业融资约束，然而，融资约束到产融结合效率的传导路径，浙东北和浙西南存在异质性。对浙西南地区而言，融资约束的缓解有利于提高产融结合效率；而在浙东北地区，融资约束缓解与产融结合效率呈现负相关。但是，无论是浙东北还是浙西南，融资约束的中介效应都是显著的，金融支持在一定程度上都是通过融资约束对产融结合效率产生影响，只是浙东北表现为负面影响，而浙西南则表现为正向影响。

第 8 章　税收政策对产融结合效率的影响及机制分析

从宏观政策视角看，税收政策优惠作为一种政府干预手段，可以对市场失灵的情况予以纠正，提高企业经营效率。具体来说，税收优惠政策通过降低创新活动的成本，提高企业创新活动预期收益，增强企业创新积极性，加快企业资本积累和形成竞争优势的速度，带来更高的生产效益和企业利润，进而提高高科技制造业产融结合效率。因此，找到与当前产融结合效率相适应的税收优惠政策，有利于为政府有关部门制定与当前产融结合相配套的税收政策，避免企业低效经营。

基于此，本章构建了税收政策影响高科技制造业产融结合效率的理论模型，在统一框架下从直接影响、间接影响、非线性影响与异质性影响等维度全面评估税收政策如何影响高科技制造业产融结合效率这一问题，并以 2007～2018 年浙江省地级市的数据对相关假设及理论模型进行实证检验。

8.1 影响机制

企业的经营与发展情况与市场、行业环境和宏观政策息息相关。好的政策可以有效激发微观主体活力，充分发挥企业作为重要微观主体的能动性，直接或间接地促进企业健康发展。据《2017 中国企业经营者问卷跟踪调查报告》显示，有 49.7% 的企业家认为税收负担过重是企业生产经营过程中面临的主要问题，因此税收政策将是激活微观主体创新创业活力的重要入手点。

税收政策对企业行为的影响最早可以追溯到亚当·斯密的《国富论》，斯密在其著作中初步阐述了税收对企业行为的影响。在他看来，政府征税的增加会导致企业可支配资金减少和投资预期回报降低，从而降低企业进行资本积累的速度和规模，最终阻碍经济增长。李嘉图和凯恩斯等人也赞同这一看法。在现实生活中，减税一般都是针对企业特定的行为，譬如，为了鼓励企业自主创新促进产业升级，国家会制定针对企业创新行为的税收政策。税收补贴之所以能促进企业加大创新投入，其原因在于，不同于一般性投资，企业创新具有高成本、高风险、回报期限不确定等特性，这会极大地抑制企业进行研发投入的积极性。同时，由于创新的外部性，私人企业还无法获取创新行为带来的全部收益，因此，企业创新投入的水平会严重低于社会最优水平。此时，税收补贴作为政府干预的一个手段，可以对这种市场失灵的情况予以纠正。如今国内外很多学者已经针对税收减免政策对企业创新的影响进行了实证研究，大都得出了一致的结论，税收降低在一定程度上是可以刺激企业创新的。

税收优惠政策可以通过以下两个渠道促进企业创新。第一，降低企业人力资本等各种创新投入的成本。对个人所得税的减免可以降低人力资本成本，企业固定资产加速折旧政策能大幅降低资本投入成本，总之，通过降低纳税义务而降低创新活动的成本。第二，提高企业创新的预期收益。企业创新是指企业发现现有行业定位空间中的空白，研发新的产品，采用新的流程工艺等，形成自己独特的竞争优势，从而带来生产率提高和利润增加。但是由于企业创新面临的市场风险和收益具有很大的不确定性，这大幅制约了企业做出创新决策。而资产损失税前扣除或比例减免不但可以降低企业做出创新决策的风险，还可以提高企业创新决策的预期收入，提高企业创新的积极性，企业发展战略也向创新投资转移。

　　总之，税收减免政策可以通过多种渠道促进企业进行投资和创新行为，加快企业资本积累和形成竞争优势的速度，带来更高的生产效益和企业利润。

　　因此本章提出以下假设：

　　假设 H8 - 1：税收的减免有助于提升企业产融结合效率。

　　假设 H8 - 2：税收政策对产融结合效率除了直接影响之外，还会通过促进企业创新进一步提高企业产融结合效率，即企业创新在税收政策促进产融结合效率的过程中发挥着中介效应的作用。

　　本章各变量的数据均来源于《中国城市统计年鉴》《浙江省统计年鉴》以及 EPS、Wind 等数据库，部分缺失数据通过查找各地级市的统计年鉴与年报获得。模型的选取与相关变量的设定方式均与本书第 6 章相同，且各变量的平稳性均通过了 ADF 检验，可以进行进一步回归分析。

8.2　实证检验

8.2.1　基准回归

　　基准回归结果如表 8 - 1 所示，列（1）为混合 OLS 模型，其基本假设为不存在个体效应；列（2）~ 列（5）分别增加对个体固定效应、个体随机效应、双向固定效应以及双向随机效应的控制。

表 8 - 1 基准回归结果

解释变量	(1)	(2)	(3)	(4)	(5)
lnsl	0.2082 ** (2.05)	-0.0516 (-0.55)	0.0361 (0.39)	-0.0630 *** (-3.72)	0.0459 (0.50)
lnqygm	0.0439 (0.34)	0.4113 *** (2.94)	0.2367 * (1.89)	0.3721 * (1.97)	0.3452 * (1.80)
lnzcfz	-0.1861 (-1.10)	-0.3947 (-1.31)	0.0586 (0.32)	-0.0871 ** (-1.92)	-0.6362 *** (-2.72)
常数项	是	是	是	是	是
个体固定效应	否	是	否	是	否
个体随机效应	否	否	是	否	是
时间固定效应	是	否	否	是	否
时间随机效应	是	否	否	否	是
R^2	0.3657	0.0989	0.0777	0.4059	0.3187
F 统计量	51.16 ***	4.32 ***		5.22 ***	
Wald 统计量			26.96 ***		63.01 ***
F 检验		7.30 ***		10.57 ***	
Hausman 检验		11.65 **		25.48 ***	

注：***、** 和 * 分别表示回归系数在 1%、5% 和 10% 的显著性水平下显著。

在表 8 - 1 中，以列（1）为对照，列（2）、列（4）的 F 检验结果显示这两种固定效应模型均优于混合效应模型，运用豪斯曼检验结果，判定这两种固定效应模型均优于随机效应模型；由列（4）的 F 统计量可知，双向固定效应模型通过显著性检验，因此，判定列（4）为最优面板数据模型。同时列（4）也是所有模型中拟合优度最高、拟合效果最好的。

从回归的结果整体来看，固定效应模型的回归结果都是较为相似的，而混合回归和随机效应的回归结果则较为相似。

这说明在这个模型中个体和时间固定效应较为重要，同时与解释变量存在较强相关性，不考虑个体异质性或将用随机效应模型估计，都会产生较大的偏误，使回归系数不确切，甚至影响方向错误。因为模型检验显示双固定模型为最优模型，因此下文的分析都以双固定模型为基础，可以发现核心变量税率的系数在 1% 的水平下显著为负，其回归系数为 -0.063。这说明当税率每提高 1 个百分点，会导致企业产融结合效率降低 0.063%。这验证了假设 H8-1，减税政策可以通过促进企业进行投资和创新，加快企业资本积累的速度和形成自己独特竞争优势，带来更高的生产率和利润，进而显著提高企业的产融结合效率。控制变量的回归结果可以看出，企业规模对产融结合效率也有一定的促进作用，其回归系数为 0.3721，且其系数在 10% 的显著水平下显著，且在所有模型中企业规模对产融结合效率影响的系数都为正。这主要是因为企业的吸收能力和企业可以调动的资源规模一般都与企业规模存在较强相关性。规模大的企业可以更充分地吸收利用获得的金融资源，资源配置的调整具有更大的自由度，在相同的资源约束下可以实现更大的产出。资产负债率的回归系数为 -0.0871，且在 5% 的显著水平下显著，究其原因，可能是因为对于大部分企业而言，资产负债率水平已经跨过了拐点，过高的资产负债率已经在一定程度上对企业产融结合效率起到了抑制作用。

8.2.2 稳健性

为了验证模型设置的合理性，避免因模型设定错误而导致错误的回归结果，采用逐步回归法对回归结果稳定性进行检验。表8-2列示了逐步回归结果，其中，列（1）仅考虑核心解释变量税率的影响，列（2）考虑税率与企业规模对产融结合效率的影响，列（3）考虑税率、企业规模与资产负债对产融结合效率的影响。可以看出，在只加入税率的时候，税率对产融结合效率的影响就在10%的水平下显著为负，同时也有着较强的解释度。在不断加入控制变量的同时，税率对产融结合效率的影响始终显示为负，其回归系数的显著程度在不断上升，直至在1%的水平下显著，同时模型的拟合优度这个过程中不断上升，这在一定程度上说明了模型设置的合理性。

表8-2 逐步回归结果

解释变量	（1）	（2）	（3）
lnsl	-0.1396* (-1.63)	-0.0601** (-2.69)	-0.0630*** (-3.72)
lnqygm		0.4109*** (2.89)	0.3721* (1.97)
lnzcfz			-0.0871** (-0.72)
常数项	是	是	是
个体固定效应	是	是	是
时间固定效应	是	是	是
R^2	0.3593	0.4054	0.4059
F统计量	5.09***	5.66***	5.22***
F检验	11.28***	12.73***	10.57***
Hausman检验	30.05***	26.96**	25.48***

注：***、**和*分别表示回归系数在1%、5%和10%的显著性水平下显著。

8.2.3 分位数模型

然而，由于经济政策存在方向和程度上的差异，税率对产融结合效率的影响可能是非线性的，需要考察税率对高新技术制造业产融结合效率的影响是否存在异质性。因此，有必要进一步分析在产融结合效率不同分位点上税率的边际效应。

鉴于此，采用面板分位数模型分析税率对高科技制造业产融结合效率影响的结构性差异，回归结果如表 8-3 所示，列（1）~列（5）分别给出了 0.10、0.25、0.50、0.75 与 0.90 等五个分位点的回归结果。

表 8-3 分位数回归结果

解释变量	（1）	（2）	（3）	（4）	（5）
lnsl	-0.0039	-0.0440	-0.1005***	-0.1987*	-0.2670*
	(0.46)	(1.28)	(2.87)	(1.95)	(1.95)
lnqygm	0.2268	0.1015	0.0582	0.1145	-0.0155
	(0.80)	(0.50)	(0.39)	(0.88)	(-0.09)
lnzcfz	0.3139	0.4919*	0.1966	0.0290	0.0551
	(0.85)	(1.86)	(1.02)	(0.17)	(0.24)
常数项	是	是	是	是	是
个体固定效应	是	是	是	是	是
个体随机效应	否	否	否	否	否
时间固定效应	是	是	是	是	是
时间随机效应	否	否	否	否	否
R^2	0.3343	0.2771	0.2000	0.2000	0.2578

注：***、**和*分别表示回归系数在1%、5%和10%的显著性水平下显著。

表 8 - 3 的结果显示, 在 10%、25%、50%、75% 与 90% 这五个代表性分位点上, 税率对高新技术制造业产融结合效率的影响系数分别为 -0.0039、-0.0440、-0.1005、-0.1987、-0.2670, 均为负数, 但影响系数的绝对值表现出不断增大的趋势, 可见, 表明当产融结合效率不同时, 税率对产融结合效率的影响存在显著差异。当高新技术制造业产融结合效率较低 (25% 分位数以下) 时, 税率对产融结合效率的影响系数绝对值较小, 同时也未通过 10% 的显著性水平检验。当高新技术制造业产融结合效率较高 (50% 分位数以上) 时, 税率对产融结合效率的影响系数绝对值较大, 同时也通过了 10% 的显著性水平检验。即对于产融结合效率较低的城市而言, 税率对产融结合效率的抑制作用较小, 而对于产融结合效率较高的地区而言, 税率对产融结合效率的抑制作用则有所增强。因此, 税率的降低在一定程度上会加大城市之间产融结合效率的差距。

8.2.4 空间计量模型

根据表 8 - 4 的检验结果不难发现, 空间计量模型的 AIC、SC 值更小, 所以空间计量模型优于普通最小二乘法模型, 这意味着空间计量模型估计效果相对更好。其次, 比较空间误差模型和空间滞后模型的适当性。结合表 8 - 4 可以看出, 空间滞后模型的 AIC、SC 值比空间误差值更小, 故最终选取空间滞后模型分析税率对高新技术制造业产融结合效率的影响。空间滞后系数估计值显著为正 (0.1972), 并在 5% 的显著性

水平下显著，表明浙江省高新技术制造业产融结合效率不仅
存在较强的空间依赖关系，而且还表现出正向空间溢出作用。
即某一地级市的产融结合效率受到相邻地区产融结合效率的
影响，随着周边地级市产融结合效率的提高，本地产融结合
效率也会随之提高。观察空间滞后模型的回归结果，税率的
回归系数为 - 0. 0105，且在 5% 的水平下显著，可见，税率对
产融结合效率有显著的抑制作用，税率每增加 1%，会导致本
地市产融结合效率降低 0. 0105% 。相比较于普通最小二乘法
模型税率的估计系数，空间滞后模型税率的估计系数相对较
低，可见，用传统的普通最小二乘法模型估计税率的影响，
存在一定程度的高估现象。

表 8 - 4　　　　　　　　空间计量模型回归结果

指标	普通最小二乘法		空间滞后		空间误差	
	系数	P 值	系数	P 值	系数	P 值
C	1. 0211	0. 542	- 5. 2727	0. 006	- 5. 7391	0. 030
lnsl	- 0. 0630	0. 008	- 0. 0105	0. 047	- 0. 0114	0. 880
lnqygm	0. 3721	0. 074	0. 1953	0. 022	0. 2127	0. 065
lnzcfz	- 0. 0871	0. 034	0. 0706	0. 764	0. 0558	0. 818
R^2	0. 4059		0. 5455		0. 5449	
AIC			305. 3016		306. 2323	
SC			325. 4812		326. 4119	
空间滞后项			0. 1972	0. 030		
空间误差项					0. 0974	0. 252

8.2.5 机制研究

表 8 - 5 中，列（1）为基准回归模型，列（2）为税收政策影响企业创新（专利授权量）的回归模型，列（3）将企业创新（专利授权量）引入基准回归模型。

表 8 - 5   中介效应模型回归结果

解释变量	（1）	（2）	（3）
lnsl	-0.0630^{***}	-0.0807^{**}	-0.0354^{***}
	(-3.72)	(2.43)	(-3.83)
lnzl			-0.1535^{***}
			(4.60)
控制变量	是	是	是
常数项	是	是	是
个体固定效应	是	是	是
时间固定效应	是	是	是
R^2	0.4059	0.9234	0.4079
F 统计量	5.22^{***}	92.14^{***}	4.87^{***}
F 检验	10.57^{***}	40.47^{***}	6.80^{***}
Hausman 检验	25.48^{***}	203.43^{***}	15.67^{***}

注：$***$、$**$ 和 $*$ 分别表示回归系数在 1%、5% 和 10% 的显著性水平下显著。

根据前文理论分析，税收政策可能通过专利这个中介变量来对企业产融结合效率产生影响，本研究采用中介效应模型验证该作用机制假设。表 8 - 5 报告了税收政策通过放宽企业融资约束影响企业产融结合效率的检验结果。列（1）为基准回归模型的估计结果，从回归结果可以看出，税率的回归系数为

-0.0630，且在1%的显著水平下显著，证实了税收政策对高科技产融结合效率有着显著的抑制作用。至此，满足了中介效应逐步回归第一步。列（2）反映了税率对专利这个中介变量的影响，可以发现其估计系数为-0.0807在5%的显著水平下显著，验证了税收政策放宽对企业创新有着显著的促进作用。列（3）展示了税收政策和企业创新对高新技术制造业产融结合效率的作用大小，企业创新的回归系数为-0.1535，在1%的显著水平下显著，同时，税收政策的回归系数为-0.0354，且在1%的显著性水平下显著，与列（1）相比较，系数的绝对值有一定程度的下降。至此，由于税收政策对产融结合效率和企业创新都有着显著影响，同时，企业创新对产融结合效率也有着显著影响，中介效应得到验证：税收政策不但对产融结合有着直接效应，还能通过影响企业创新间接对产融结合效率产生影响。

根据中介效应的计算方法可以计算出税收政策的中介效应为 $0.0807 \times 0.1535 = 0.0124$，即税率水平每降低1%，通过直接效应渠道提高企业产融结合效率0.0354，同时，通过企业创新这个中介效应渠道提高企业产融结合效率0.0124。这表明，税收政策不但可以直接影响企业产融结合效率，还能通过促进企业创新，间接提高产融结合效率，至此，"税收政策—企业创新—产融结合效率"的传导路径得到验证，假设H8-2得到证实。

8.3　异质性分析

浙东北和浙西南之间产融结合效率差异明显，同时这两地的经济政策与创新环境也有着较大差异，因此有必要对浙东北和浙西南进行分别回归，以考察上述回归结果在浙东北地区和浙西南地区是否存在异质性。表8-6中列（1）和列（4）分别为浙东北、浙西南基准回归模型，列（2）和列（5）分别为浙东北、浙西南税率影响企业创新的回归模型，列（3）和列（6）分别将企业创新引入浙东北、浙西南的基准回归模型。

表 8-6 浙东北与浙西南异质性分析

解释变量	浙东北			浙西南		
	（1）	（2）	（3）	（4）	（5）	（6）
lnsl	-0.1239**	-0.0435**	-0.0812**	-0.6233**	-0.1068	-0.1178
	（-2.51）	（-2.37）	（-2.32）	（-0.63）	（0.78）	（-0.58）
lnzl			0.1018***			0.0518
			（3.45）			（0.08）
控制变量	是	是	是	是	是	是
常数项	是	是	是	是	是	是
个体固定效应	是	是	是	是	是	是
时间固定效应	是	是	是	是	是	是
R^2	0.6169	0.9251	0.5903	0.5759	0.6643	0.6065
F 统计量	5.5***	36.9***	5.1***	1.6	63.5***	1.4
F 检验	7.48***	13.46***	7.24***	10.39***	92.61***	1.25
Hausman 检验	12.98**	42.61***	12.51**	41.08***	13.03***	4.99

注：***、** 和 * 分别表示回归系数在 1%、5% 和 10% 的显著性水平下显著。

从表8-6中的列（1）和列（4）可以发现，在浙东北地区与浙西南地区税率水平对产融结合效率的总效应均在5%的水平下显著为负。相比较于浙东北而言，浙西南地区税率水平对产融结合的负向影响更大，表明减税政策有效地提高了浙东北与浙西南地区的产融结合效率，但减税政策在浙西南地区更为有效。究其原因，过高的税收会加重企业的税收负担，增加企业的财务风险，进而对高新技术制造业产融结合造成不利影响。但浙东北地区相比较于浙西南地区金融市场发展得更好，企业融资渠道更广，企业外部融资需求得到了较好的满足，因此，税收负担的负面影响在一定程度上有所削弱。

从表8-6中的列（2）和列（5）可以发现，在浙东北地区税率水平对企业创新的影响在5%水平下显著为正，而在浙西南地区的影响并不显著，即减税政策能有效提高浙东北地区企业创新水平，却难以提高浙西南地区企业创新水平。究其原因，税收激励在一定程度上缓解了企业的融资约束，有助于激励企业创新，但企业创新是一个多要素、多阶段的系统性工程，需要金融资源、研发人员与研发知识等多种创新资源。相比浙东北地区，浙西南地区交通便利程度、信息基础设施、人力资源等多种要素并不充裕，进而在给予企业相同程度的税收优惠时，对浙东北地区企业创新的促进作用更大。

表8-6中，列（3）中企业创新的回归系数在1%的水平下显著为正，同时，税收政策对高新技术制造业产融结合效率的绝对值明显大于其净效应的绝对值，再结合上述分析，可知，在浙东北地区，企业创新在税收政策与高科技制造业产融结合效率间起到了部分中介作用。而在列（6）中，企业创新的回归系数并不显著，因此，在浙西南地区，企业创新

在税收政策与高科技制造业产融结合效率间并未发挥中介作用。

8.4　本章小结

本章从宏观政策视角分析税收政策对高科技制造业产融结合效率的直接与间接影响，在提出相关假设的基础上，用2008～2019年浙江省地级市面板数据检验了相关假设。基准回归及逐步回归结果均表明，减税政策对高科技制造业产融结合效率有显著正向影响。分位数回归结果显示，产融结合效率不同时，税率对产融结合效率的影响存在显著差异，对于产融结合效率较低的城市而言，税率对产融结合效率的抑制作用较小，而对于产融结合效率较高的地区而言，税率对产融结合效率的抑制作用则有所增强，税率的降低在一定程度上会加大城市之间产融结合效率的差距。空间计量结果显示，浙江省高新技术制造业产融结合效率表现出正向空间溢出作用，即某一地级市的产融结合效率受到相邻地区产融结合效率的影响，随着周边地级市产融结合效率的提高，本地产融结合效率也会随之提高。中介效应检验结果显示，税收政策不但可以直接影响企业产融结合效率，还能通过促进企业创新，间接提高产融结合效率。

本章还对浙东北与浙西南地区进行了异质性分析，研究结果显示减税政策有效地提高了浙东北与浙西南地区的产融结合效率，但减税政策在浙西南地区更为有效。进一步考察创新的中介效应后发现，减税政策能有效提高浙东北地区企业创新水平，却难以提高浙西南地区企业创新水平。即在浙东北地区，企业创新在税收政策与高科技制造业产融结合效率间起到了部分中介作用。而在浙西南地区，企业创新在税收政策与高科技制造业产融结合效率间并未发挥中介作用。

第 9 章　产融结合效率的
　　　　经济与社会效应

前面章节中，本书已经理论分析并实证检验了劳动分工、金融支持、税收政策等驱动因素对产融结合效率的影响。那么，产融结合后又会产生什么样的经济与社会影响呢？因此，本章将重点讨论产融结合效率对经济发展与社会福利的影响：一是高科技制造业产融结合效率对经济增长的影响，使用国内生产总值作为检验标准；二是高科技制造业产融结合效率对社会福利的影响，我们使用社会福利指数作为代理变量。

9.1 影响机制

中国经济增长正处于粗放型向集约型转变时期，增长动能也开始由传统动能向新动能转换。银行信贷进入实体经济的动力减弱，更倾向于流入预期收益更高的金融资产，资产泡沫越发明显。产融结合目的就是把银行的信贷重新从金融资产引回实体经济，通过产业资本与金融资本的良性互动，金融资本得以有效积累，产业资本积累速度和配置效率也因金融资本的积累而得到优化，进而实现社会的高质量发展。

中国的产融结合实践最早可以追溯到20世纪80年代。当时产融结合在国内尚处于起步阶段，中央政府所采取的强制性制度变迁是企业产融结合的第一驱动力。国家通过强化国有企业和国有银行之间的联系，集中银行资金发展龙头产业，加速国家工业化进程，在经济萧条时期，继续引导银行信贷资金流向流动资金短缺、经营困难的国有企业，防止抽贷、惜贷行为的发生，维持国民经济的平稳运行。随着金融市场的发展，之后的一段时间策略并没有与时俱进，只要国有企业经营困难，政府的基本策略就是引导银行资金流向亏损企业，因而出现了"由融而产"的低效率产融结合现象。"由产而融"的产融结合源于 20 世纪 90 年代，工商企业通过设立和参股金融机构，构建金融控股集团的金融活动，之后产融结合蓬勃发展，更是达到了一个新的高度。

如果产融结合是与金融市场发展程度相适应的，在实体产业的支撑之下，金融资本就可以实现良性循环和自发增值。同时，在金融资本的驱动下，实体产业也会在经济均衡规律下自动实现最优配置，从而经济可以沿着最优路径健康发展下去。但如果产融结合程度没有与金融市场发展程度相匹配，企业过度参与金融资本的积累，以至于实体经济的产业资本被大量抽走，导致难以对金融资本形成支撑作用，最终形成实体经济流动性紧张，金融行业流动性过剩的扭曲现象，金融资本与产业资本就难以达到最优配置，内生性的增长机制也会被扭曲的金融环境所破坏，最终偏离最优的发展路径。因此，产融结合的高效发展对于实现一国经济的包容性增长有着重要意义。

因此本章提出以下假设：

假设 H9 – 1：产融结合效率的提升对经济增长有着显著的促进作用。

假设 H9 – 2：产融结合效率对经济增长除了直接影响之外，还会通过促进产业结构升级进一步推动经济增长，即产业结构升级在产融结合效率与经济增长之间发挥着中介效应的作用。

假设 H9 – 3：产融结合效率的提升对社会福利增长有着显著的促进作用。

假设 H9 – 4：产融结合效率对社会福利除了直接影响之

外，还会通过促进产业结构升级进一步推动社会福利增长，即产业结构升级在产融结合效率与社会福利之间发挥着中介效应的作用。

9.2 模型设定与变量说明

9.2.1 模型设定

1. 双向固定效应面板模型

基于 2007～2018 年的浙江省地市级面板数据，选取兼具个体固定效应与时间固定效应的双向固定效应模型，实证检验高科技制造业企业产融结合效率的经济与社会效应，基准回归模型设定如下：

$$\ln y_{it} = \alpha_0 + \alpha_1 \ln crjh_{it} + \beta X'_{it} + \eta_i + \delta_t + \upsilon_{it} \qquad (9-1)$$

式中，i 为各地级市，t 为年份，η_i 和 δ_t 分别为地区和年份的个体固定效应和时间固定效应。$\ln y_{it}$ 为被解释变量，表示 i 市域在 t 期的经济增长与社会福利；$\ln crjh_{it}$ 为核心解释变量，表示 i 市域在 t 期的高科技制造业企业产融结合效率；X'_{it} 表示其他控制变量，具体包括产业结构升级、固定资产投资、外贸依存度与政府干预度等变量。

2. 中介效应模型

产融结合效率可能通过中介变量对经济增长与环境污染产生影响，为了检验中介效应，本章采用规范的中介效应模

型并基于双向固定效应面板模型（邵帅和张可等，2019）开
展进一步的实证考察，具体方程形式如下：

$$\ln y_{it} = \alpha_0 + \alpha_1 \ln crjh_{it} + \beta X'_{it} + \eta_i + \delta_t + \upsilon_{it} \quad (9-2)$$

$$\ln me_{it} = \alpha_0^1 + \alpha_1^1 \ln crjh_{it} + \beta^1 X'_{it} + \eta_i^1 + \delta_t^1 + \upsilon_{it}^1 \quad (9-3)$$

$$\ln y_{it} = \alpha_0^2 + \alpha_1^2 \ln crjh_{it} + \alpha_2^2 \ln me_{it} + \beta^2 X'_{it} + \eta_i^2 + \delta_t^2 + \upsilon_{it}^2$$

$$(9-4)$$

其中，方程式（9-2）~式（9-4）构成了中介变量 $\ln me_{it}$ 的
中介效应模型。模型检验步骤为：第一步，检验方程式（9-2）
的回归系数 α_1，如果显著则进行后续检验，反之终止检验；
第二步，检验方程式（9-3）和式（9-4）的回归系数 α_1^1 和
α_2^2，如果都显著则意味存在中介效应；第三步，检验方程式
（9-4）的回归系数 α_1^2，如果不显著则意味仅存在中介效应，
即存在完全中介效应，如果显著则意味直接效应和中介效应
均存在，即存在部分中介效应。

9.2.2　变量测度与说明

1. 数据来源

本章以 2007~2018 年浙江省 11 个地级市为研究样本。各
变量的数据均来源于《中国城市统计年鉴》《浙江统计年鉴》
以及 EPS、Wind 等数据库，部分缺失数据通过查找各地级市
的统计年鉴与年报获得。

2. 变量测度

（1）经济效应（$\ln gdp$）。用人均国民生产总值衡量产融

结合的经济效应。

（2）社会效应（lnwef）。本研究借鉴吴士炜（2017）的做法，从经济条件、社会机会与防护性保障三方面衡量地区社会福利水平，详细的指标体系如表9–1所示。

表9–1　　　　　　　社会福利指数指标体系

一级指标	二级指标	三级指标	构建方法
社会福利指数	经济条件	居住	农村居民人均住房面积
		就业	年末城镇登记失业率
		收入差距	城镇居民人均可支配收入与农村居民人均纯收入比
	社会机会	健康	每万人拥有医院、卫生院数
		教育	每万人拥有高、中、小学学校数
		环境	工业污染物排放指数
	防护性保障	社会保障	城镇职工基本养老保险、医疗保险、失业保险参保率
		粮食保障	人均粮食、粮食作物拥有量

（3）产融结合效率（lncrjh）。用SFA方法测度高技术产业产融结合效率，具体投入产出指标见第5章第5.2节。

（4）控制变量。为了更好地分析高技术制造业产融结合的经济与社会效应，本研究还控制了其他可能产生影响的一系列变量。具体如下：借鉴袁航（2018）采用产业结构层次系数表征产业结构升级（lncyjg）；用社会固定资产投资占GDP比重表示固定资产投资（lntz）；用出口贸易总额占GDP比重表示外贸依存度（lnopen）；用政府财政支出占GDP比重表示政府干预度（lnczzc）。

3. 描述性统计

表 9-2 是相关变量的描述性统计。可以看出，在我们考察的样本区间内，经济增长的均值为 11.0197，标准差为 0.4789，社会福利指数的均值为 -3.1874，标准差为 0.8145，产融结合效率均值为 -0.4902，距离最优边界还有一定距离，标准差为 1.0333，说明研究区间内各地级市的经济增长、社会福利与产融结合效率存在着较大的差异，这进一步提高了本研究的意义。产业结构升级和固定资产投资的均值分别为 0.8702 和 -0.5938，标准差分别是 0.0307 和 0.2633，产业结构升级和固定资产投资变化趋势相对于其他变量变化较小，呈现出缓慢上升趋势。外贸依存度的均值为 -0.8830，标准差为 0.8060，说明在浙江各个市之间对出口的依赖度存在较大差距。政府干预度的均值为 -2.1009，标准差为 0.3432。

表 9-2　　　　　　　变量的描述性统计

变量	标识	样本量	均值	标准差	最小值	最大值
经济增长	lngdp	132	11.0197	0.4789	9.8534	11.8507
社会福利指数	lnwef	132	-3.1874	0.8145	-5.5172	-1.8063
产融结合效率	lncrjh	132	-0.4902	1.0333	-6.1351	1.1969
产业结构升级	lncyjg	132	0.8702	0.0307	0.8061	0.9618
固定资产投资	lntz	132	-0.5938	0.2633	-1.3127	0.1731
外贸依存度	lnopen	132	-0.8830	0.8060	-2.2172	1.6364
政府干预度	lnczzc	132	-2.1009	0.3432	-2.8506	-1.1719

9.2.3 单位根检验

为了避免对不平稳的数据进行面板回归而陷入伪回归的陷阱，有必要对各变量进行平稳性检验。我们选取 ADF 检验对各个回归变量的平稳性进行了检验，从平稳性的检验结果（见表9-3）可以发现，所有变量都是一阶单整的。至此，排除了伪回归的可能性，因此可以进行进一步的回归分析。

表9-3 ADF 检验

变量	标识	t 统计量	趋势形式	P 值	结论
经济增长	lngdp	38.0383	(I,0,0)	0.0181	平稳
社会福利指数	lnhjwr	41.7872	(I,0,0)	0.0088	平稳
产融结合效率	lncrjh	64.6743	(I,T,0)	0.0000	平稳
产业结构升级	lncyjg	76.2965	(I,0,0)	0.0000	平稳
固定资产投资	lntz	45.3927	(I,T,0)	0.0024	平稳
外贸依存度	lnopen	63.3542	(I,T,0)	0.0000	平稳
政府干预度	lnczzc	34.6467	(I,T,0)	0.0422	平稳

注：T表示有趋势的检验模式，I表示仅含有截距项的检验模式，0表示什么都不含的检验模式。

9.3 经济效应实证分析

9.3.1 基准回归

基准回归结果如表9-4所示。其中，列（1）为混合 223

OLS 模型，其基本假设为不存在个体效应；列（2）~ 列（5）分别增加对个体固定效应、个体随机效应、双向固定效应以及双向随机效应的控制。可以发现，各个模型的回归结果都较为一致，所有模型都显示，产融结合对地区经济增长有着显著的促进作用，除了个体固定效应模型回归结果显示产融结合对经济增长的促进作用在 10% 的显著水平下显著，其余模型均显示其促进作用在 1% 的显著水平下显著。控制变量固定资产投资、外贸依存度、政府干预度的回归结果也较为一致，这进一步证实了回归的稳定性。在进一步选取最优的回归模型的过程中，以列（1）为基准模型，通过 F 检验判定，列（2）和列（4）这两种固定效应模型均优于混合效应模型。豪斯曼检验结果显示这两种固定效应模型均优于随机效应模型。由列（4）的 F 统计量可知，双向固定效应模型通过显著性检验。因此，列（4）为最优面板数据模型。下面着重分析列（4）的回归结果，下文的进一步研究也是基于个体时点双固定模型。

表 9 – 4　　　　　　　　　　　基准回归结果

解释变量	（1）	（2）	（3）	（4）	（5）
lncrjh	0.2961 *** (9.38)	0.0383 * (1.94)	0.0772 *** (3.46)	0.0682 *** (4.49)	0.0068 *** (3.55)
lntz	0.7564 *** (5.10)	0.0367 (0.40)	0.1447 (1.37)	0.0624 (0.99)	0.0603 (0.90)
lnopen	0.0297 (0.72)	− 0.0966 *** (− 5.53)	− 0.0914 *** (− 4.45)	− 0.0654 ** (− 2.24)	− 0.0272 (− 0.91)
lnczzc	0.0065 (0.06)	1.4434 *** (13.86)	1.2037 *** (10.43)	0.5575 *** (3.98)	0.3101 ** (2.35)

续表

解释变量	（1）	（2）	（3）	（4）	（5）
常数项	是	是	是	是	是
个体固定效应	否	是	否	是	否
个体随机效应	否	否	是	否	是
时间固定效应	是	否	否	是	否
时间随机效应	是	否	否	否	是
R^2	0.4642	0.8510	0.8438	0.9599	0.9585
F 统计量	13.95***	167.07***		168.99***	
Wald 统计量			450.85***		2181.25***
F 检验		79.29***		150.28***	
Hausman 检验		53.77**		27.40**	

注：***、**和*分别表示回归系数在1%、5%和10%的显著性水平下显著。

从列（4）的回归结果看，产融结合每提高1%，可以导致经济增长提高0.0682%，其该回归系数在1%的显著水平下显著。这与假设 H9-1 相一致，产融结合的提高可以对经济增长起到促进作用。从控制变量回归结果来看，固定资产投资对经济增长具有促进作用，但是其系数并不显著。对于浙江而言，资本集聚程度已经较高，在边际产出递减规律的作用下，固定资产投资的增长虽然对经济增长还有促进作用，但其进一步增长对经济增长的贡献作用已经相当有限。对外依存度对经济增长的贡献为负，且其系数在5%的显著水平下显著。一般来说，过高的贸易依存度会带来较高的风险以及不确定性，过度依赖于国际市场，国际贸易摩擦、贸易条件的恶化会对国内经济产生巨大影响，严重影响经济平稳健康发展。政府干预对经济增长有着显著的正向影响，其系数为

0.5575，且在1%的显著水平下显著，这表明政府支出每提高1个百分点可以促进经济增长0.5575个百分点。市场虽然能够有效地配置资源，但是由于市场失灵情况的存在，导致经济无法沿着最优路径发展，政府的适度干预可以为市场主体提供公平的竞争环境，补充市场机制在配置资源过程中存在的不足和缺陷，实现经济又好又快的发展。

9.3.2 稳健性

为了验证模型设置的合理性，避免因模型设定错误而导致错误的回归结果，采用逐步回归法对回归结果稳定性进行检验。表9-5列示了逐步回归检验结果。其中，列（1）仅考虑核心解释变量产融结合效率对经济增长的影响，列（2）考虑产融结合效率、固定资产投资对经济增长的影响，列（3）考虑产融结合效率、固定资产投资与对外依存度对经济增长的影响，列（4）考虑产融结合效率、固定资产投资、对外依存度与政府干预度对经济增长的影响。从表9-5的回归结果可以看出，在只加入产融结合效率的时候，产融结合效率对经济增长的影响就在1%的显著水平下显著为正，此时模型就具有较强的解释度。之后，通过不断加入控制变量，得到了列（2）~列（4）的回归结果，可以明显看出产融结合效率的提高对经济增长具有显著的促进作用。虽然系数在不断加入控制变量后存在较小幅度的变动，但系数始终为正，且都在1%的显著水平下显著，同时，模型的拟合优度在不断加入控制变量的过程中呈现上升趋势，这在一定程度上说明了控制变量选取的合理性和模型设置的合理性。

表 9 - 5 逐步回归结果

解释变量	（1）	（2）	（3）	（4）
lncrjh	0.0577 *** (3.47)	0.0492 *** (3.84)	0.0476 *** (3.39)	0.0682 *** (4.49)
lntz		0.0433 (0.65)	0.0436 (0.97)	0.0624 (0.99)
lnopen			− 0.0110 ** (− 2.40)	− 0.0654 ** (− 2.24)
lnczzc				0.5575 *** (3.98)
常数项	是	是	是	是
个体固定效应	是	是	是	是
时间固定效应	是	是	是	是
R^2	0.9536	0.9538	0.9539	0.9599
F 统计量	186.68 ***	171.44 ***	157.97 ***	168.99 ***
F 检验	205.65 ***	198.61 ***	133.11 ***	150.28 ***
Hausman 检验	4.77 **	7.61 **	14.80 ***	27.40 **

注：*** 、** 和 * 分别表示回归系数在 1%、5% 和 10% 的显著性水平下显著。

9.3.3 机制研究

根据上述的逻辑分析，产融结合效率可能除了对经济增长产生直接影响之外，还有可能通过促进产业结构升级，间接地对经济增长产生促进作用。我们通过构建逐步回归的中介效应模型来对这一假设进行验证。表 9 - 6 是中介效应模型的检验结果。

表 9 - 6   中介效应模型回归结果

解释变量	（1）	（2）	（3）
lncrjh	0.0682 *** (4.49)	0.0133 *** (5.37)	0.0094 *** (3.08)
lncyjg			0.1936 *** (4.17)
控制变量	是	是	是
常数项	是	是	是
个体固定效应	是	是	是
时间固定效应	是	是	是
R^2	0.9599	0.9368	0.9479
F 统计量	168.99 ***	104.83 ***	156.98 ***
F 检验	150.28 ***	93.00 ***	144.53 ***
Hausman 检验	27.40 **	38.13 ***	17.49 ***

注：*** 、** 和 * 分别表示回归系数在 1%、5% 和 10% 的显著性水平下显著。

表 9 - 6 中的列（1）为基准回归模型。从该模型的回归结果可以发现，产融结合效率对经济增长的总效应为 0.0682，且在 1% 的显著水平下显著。至此，满足了中介效应检验的第一步，产融结合效率对经济增长有着显著影响，可以按中介效应理论进行下一步分析。

表 9 - 6 的列（2）展示了产融结合效率对产业结构升级这个中介变量的回归结果，从回归结果可以看出，产融结合效率对产业结构升级存在显著的正向促进作用。

表 9 - 6 的列（3）展示了将经济增长关于产融结合效率和产业结构升级这两个变量同时进行回归的结果。可以看出，产融结合效率对经济增长的直接效应为 0.0094，且该系数在

1%的显著水平下显著，产业结构升级对经济增长的回归系数
为0.1936，也同样在1%的显著水平下显著。

至此，无论是经济增长关于产融结合效率回归的总效应，
还是产业结构升级关于产融结合效率回归，以及经济增长关
于产融结合效率和产业结构升级这两个变量同时进行回归，
所展示的路径都显著，中介效应得到验证。产融结合效率每
提高1%，不但通过直接效应渠道促进经济增长0.0094，还通
过中介效应渠道提高经济增长0.0133×0.1936=0.02575。这
表明了产融结合效率不但可以通过直接影响促进经济增长，
还能通过促进产业结构升级这个中介路径，间接地实现对经
济增长的推动作用。至此，假设H9－2得到验证。

9.3.4 异质性分析

异质性分析结果如表9－7所示。列（1）和列（4）分别
为浙东北、浙西南基准回归模型，列（2）和列（5）分别为浙
东北、浙西南产融结合影响产业结构升级的回归模型，列（3）
和列（6）中分别将浙东北、浙西南的产业结构升级引入基准
回归模型。

表9－7　　　　　　　浙东北与浙西南异质性分析

解释变量	浙东北			浙西南		
	（1）	（2）	（3）	（4）	（5）	（6）
lncrjh	0.1186 ***	0.0087 **	0.0473 **	0.0703 **	0.0104 ***	0.0098 **
	(4.05)	(2.43)	(2.03)	(2.55)	(4.36)	(2.54)
lncyjg			4.9497 ***			1.0091 **
			(7.49)			(2.46)

解释变量	浙东北			浙西南		
	(1)	(2)	(3)	(4)	(5)	(6)
控制变量	是	是	是	是	是	是
常数项	是	是	是	是	是	是
个体固定效应	是	是	是	是	是	是
时间固定效应	是	是	是	是	是	是
R^2	0.9871	0.9265	0.9872	0.9648	0.9619	0.9650
F 统计量	259.43***	42.86***	240.68***	73.01***	67.25***	67.12***
F 检验	89.07***	78.06***	38.61**	5.20***	63.69***	5.05***
Hausman 检验	427.62***	220.38***	193.04***	59.13***	254.78***	20.20***

注：***、**和*分别表示回归系数在1%、5%和10%的显著性水平下显著。

从表9-7的列（1）和列（3）可以发现，在浙东北、浙西南地区产融结合效率对经济增长的总效应和净效应都是在5%的显著水平下显著为正，只是浙西南地区系数均略小于浙东北地区。产生这种现象的可能原因是，对于不同经济发展水平的地区，融资需求也存在着较大差异。在经济发展水平较低的地区，以银行等金融机构为主导的间接融资体系已经可以较好地满足经济发展的资金需求，此时进行产融结合或者提高产融结合效率，对经济增长的推动作用是有限的。而在经济发展水平较好的地区，微观经济主体较为活跃，对资金的需求也比较旺盛，此时以银行等金融机构为主体的间接融资体系已经较难满足实体经济的融资需求。同时，银行虽然具有大量资金，却出于风险的规避心理，将大量的资金投入非实体经济。此时提高产融结合效率，可以让金融更有效地服务于实体经济，实现经济的高质量发展。

表9-7的列（2）和列（5）的结果均显示产融结合效率的提升可以促进产业结构升级。产融结合效率的提升可以实现金融资本和实体产业的良性互动和自发增值，产业资本配置效率也因金融资本的积累而得到优化，即产业结构在这个过程中愈发高级化和合理化。列（3）和列（6）显示无论是浙东北还是浙西南，产融结合效率对经济增长的总效应都是明显大于其净效应的。

综上所述，无论是浙东北还是浙西南，产业结构升级都在产融结合效率影响经济增长的路径上起着不可忽视的中介作用。

9.4　社会效应实证分析

9.4.1　基准回归

表9-8为社会效应基准回归结果。列（1）为混合OLS模型，列（2）~列（5）分别增加对个体固定效应、个体随机效应、双向固定效应以及双向随机效应的控制。由回归结果可知，所有模型的回归结果均显示，产融结合效率的回归系数在10%的水平下显著为正，即产融结合效率对浙江省各地级市社会福利水平有显著正向影响。控制变量固定资产投资、外贸依存度、政府干预度的回归结果也较为一致，这进一步证实了回归的稳定性。在进一步选取最优的回归模型的过程中，以列（1）为基准模型，通过F检验判定，列（2）和列（4）这两种固定效应模型均优于混合效应模型，豪斯曼检验结

果显示这两种固定效应模型均优于随机效应模型。由列（4）
的 F 统计量可知，双向固定效应模型通过显著性检验，因此，列
（4）为最优面板数据模型。下面着重分析列（4）的回归结果，
下文的进一步研究也是基于个体时点双固定模型。从列（4）的
回归结果看，回归系数为 0.0040，且在 10% 的水平下显著，
即高新技术制造业产融结合效率每提高 1 个百分点，地区社
会福利水平提高 0.004%，假设 H9 - 3 得到证实。

表 9 - 8 基准回归结果

解释变量	（1）	（2）	（3）	（4）	（5）
lncrjh	0.0042 *	0.0061 ***	0.0069 *	0.0040 *	0.0014 **
	（1.86）	（3.55）	（1.71）	（1.78）	（2.16）
lntz	0.0451 ***	0.0221	0.0120	0.0673 ***	0.0528
	（2.93）	（1.48）	（0.84）	（0.66）	（3.02）
lnopen	− 0.0061	0.0356 ***	0.0269 ***	0.0882 ***	0.0138 *
	（− 0.81）	（3.51）	（3.00）	（3.96）	（1.69）
lnczzc	0.0467	0.0907 ***	0.0794 ***	0.0577 **	− 0.0012
	（3.55）	（5.44）	（5.30）	（2.12）	（− 0.06）
常数项	是	是	是	是	是
个体固定效应	否	是	否	是	否
个体随机效应	否	否	是	否	是
时间固定效应	否	否	否	是	否
时间随机效应	否	否	否	否	是
R^2	0.4101	0.4878	0.4826	0.7362	0.7137
F 统计量	14.42 ***	17.38 ***		16.75 ***	
Wald 统计量			68.24 ***		149.81 ***
F 检验		28.95 ***		52.19 ***	
Hausman 检验		67.88 **		51.17 **	

注：*** 、** 和 * 分别表示回归系数在 1%、5% 和 10% 的显著性水平下
显著。

从控制变量回归结果来看，固定资产投资会降低社会福利水平，但其系数未通过显著性检验。一方面，固定资产投资是合理布局投资项目，提高社会生产水平，保障居民物质生活基础，另一方面，固定资产投资规模扩大意味着对自然资源开采使用力度的加大，可能会在一定程度上加剧环境污染问题。对外依存度对社会效应指数的影响系数为正，且在1%的水平下显著，即对外依存度提高本地社会福利水平。究其原因，一方面，国际贸易意味着先进生产技术与管理技术的国际流通。国际贸易带来国外的先进技术，并通过技术扩散效应提升了我国的绿色创新水平，实现了经济的可持续发展。另一方面，国际贸易促进了本地就业、税收与产品的多样化，有助于缩小贫富差距，推进社会的包容性发展。政府干预对社会效应有着显著的促进作用，其系数为0.0577，且在5%的显著水平下显著，这表明政府支出每提高1个百分点可以提高社会效应0.0577个百分点。一方面，政府通过环境政策能有效调和环境污染与经济增长间的矛盾，通过环境规制等手段实现生态环境成本的企业内部化，进而达到双赢目的，减少环境污染；另一方面，政府通过政策倾斜和转移支付等政策手段，缩小地区与城乡收入差距，既有助于维持区域稳定，也有助于实现社会公平。

9.4.2 稳健性

为了验证模型设置的合理性，避免因模型设定错误而导致错误的回归结果，我们采用逐步回归法对回归结果稳定性进行检验。表9-9列示了逐步回归检验结果，其中，列（1）仅考

虑核心解释变量产融结合效率对社会福利的影响，列（2）考
虑产融结合效率、固定资产投资对社会福利的影响，列（3）
考虑产融结合效率、固定资产投资与对外依存度对社会福利
的影响，列（4）考虑产融结合效率、固定资产投资、对外依
存度与政府干预度对社会福利的影响。

表9－9　　　　　　　　逐步回归结果

解释变量	（1）	（2）	（3）	（4）
lncrjh	0. 0028 *** (3. 73)	0. 0047 *** (4. 32)	0. 0038 *** (3. 06)	0. 0040 * (1. 78)
lntz		0. 0690 (3. 93)	0. 0702 (4. 05)	0. 0673 *** (0. 66)
lnopen			0. 0122 ** (1. 60)	0. 0882 *** (3. 96)
lnczzc				0. 0577 ** (2. 12)
常数项	是	是	是	是
个体固定效应	是	是	是	是
时间固定效应	是	是	是	是
R^2	0. 6410	0. 7075	0. 7183	0. 7197
F 统计量	15. 40 ***	18. 28 ***	17. 09 ***	16. 75 ***
F 检验	49. 71 ***	53. 16 ***	54. 43 ***	52. 19 ***
Hausman 检验	9. 97 **	13. 89 **	28. 81 ***	51. 17 **

注：***、** 和 * 分别表示回归系数在 1%、5% 和 10% 的显著性水平下
显著。

　　从表9－9的回归结果可以看出，在只加入产融结合效率
的时候，产融结合效率对社会福利的影响就在 1% 的水平下显

著为正，模型的拟合优度也高达 0.6410，具有较强的解释度。之后，通过不断加入控制变量，得到列（2）~ 列（4）的回归结果。可以明显看出，产融结合效率的提高能有效提高社会福利水平，虽然在不断加入控制变量后，产融结合效率的回归系数存在小幅度的变动，但系数始终为正，且都在 10% 的水平下显著。此外，随着控制变量的不断加入，模型的拟合优度呈现上升趋势，这在一定程度上说明了控制变量选取与模型设置的合理性。

9.4.3 机制研究

根据上述的逻辑分析，产融结合效率可能除了对社会福利产生直接影响之外，还有可能通过促进产业结构升级间接促进社会福利增长。本章通过中介效应模型验证这一假设，检验结果如表 9 – 10 所示。

表 9 – 10 中介效应模型回归结果

解释变量	（1）	（2）	（3）
lncrjh	0.0040***	0.0025***	0.0034***
	(3.15)	(4.56)	(2.96)
lncyjg			0.2361***
			(2.90)
控制变量	是	是	是
常数项	是	是	是
个体固定效应	是	是	是
时间固定效应	是	是	是

续表

解释变量	（1）	（2）	（3）
R^2	0.7362	0.9430	0.7394
F 统计量	16.75 ***	99.28 ***	15.37 ***
F 检验	52.19 ***	88.92 ***	51.84 ***
Hausman 检验	38.50 **	49.63 ***	55.21 ***

注：***、**和*分别表示回归系数在1%、5%和10%的显著性水平下显著。

表 9 – 10 中的列（1）为基准回归模型，从该模型的回归结果可以发现，产融结合效率对社会福利的总效应为 0.040，且在 1% 的水平下显著不为 0，中介效应检验第一步成立，产融结合效率对社会福利有显著影响。列（2）为产融结合效率对产业结构升级中介变量的回归结果，由回归结果可知，产融结合效率对产业结构升级存在显著的促进作用。列（3）将产融结合效率与产业结构升级同时纳入回归模型，可以看出，产融结合效率对社会福利的直接效应为 0.0034，且该系数在 1% 的水平下显著，产业结构升级对经济增长的回归系数为 0.2361，也在 1% 的显著水平下显著。至此，社会福利关于产融结合效率回归、产业结构升级关于产融结合效率回归以及社会福利关于产融结合效率和产业结构升级这两个变量的回归，所展示的路径均显著，中介效应得到验证。产融结合效率每提高 1%，不但通过直接效应渠道促进社会福利水平提高 0.0034，还通过中介效应渠道提高经济增长 0.0025 × 0.2361 = 0.0006。可知，产融结合效率不但可以直接影响社会福利，还能通过促进产业结构升级间接推动社会福利水平提高。至此，"产融结合效率—产业结构升级—社会福利"的传导路径得到验证，

假设 H9 - 4 得到证实。

9.4.4 异质性分析

区域异质性检验结果如表9 - 11 所示，列（1）和列（4）分别为浙东北、浙西南基准回归模型，列（2）和列（5）分别为浙东北、浙西南产融结合影响产业结构升级的回归模型，列（3）和列（6）分别将浙东北、浙西南的产业结构升级引入基准回归模型。

表 9 - 11   浙东北与浙西南异质性分析

解释变量	浙东北			浙西南		
	（1）	（2）	（3）	（4）	（5）	（6）
lncrjh	0.0088 **	0.0027 ***	0.0089	0.0020 ***	0.0027 **	0.0006 **
	(2.00)	(3.02)	(0.1)	(4.40)	(2.12)	(2.12)
lncyjg			0.0312 *			0.0529 ***
			(1.96)			(3.21)
控制变量	是	是	是	是	是	是
常数项	是	是	是	是	是	是
个体固定效应	是	是	是	是	是	是
时间固定效应	是	是	是	是	是	是
R^2	0.8867	0.9492	0.8867	0.6601	0.9512	0.9650
F 统计量	22.05 ***	52.65 ***	19.57 ***	4.24 ***	42.50 ***	4.08 ***
F 检验	79.40 ***	77.02 ***	71.59 **	15.18 ***	74.97 ***	12.00 ***
Hausman 检验	332.71 ***	168.93 ***	147.66 ***	46.32 ***	188.63 ***	33.99 ***

注：*** 、** 和 * 分别表示回归系数在1%、5%和10%的显著性水平下显著。

首先，对比产融结合效率对社会福利的直接影响。由列（1）

和列（4）可知，无论是浙东南还是浙西北地区，产融结合效率均能对社会福利指数产生显著正向影响，但对浙东北地区的促进作用更强。这可能是因为浙东北地区相对于浙西南地区经济发展水平相对较高，为社会包容性发展奠定了较好的物质基础，因此，产融结合效率的社会福利效应更强。其次，对比产业结构升级的中介效应，列（2）和列（5）回归结果显示，无论是在浙东北地区还是浙西南地区，产业结构升级均起到了中介效应。在浙东北地区，产业结构升级的中介效应占总效应的比例为 $0.0312 \times 0.0027 \div 0.0088 = 0.95\%$ ，浙西南地区产业结构升级的中介效应占总效应比例为 $0.0529 \times 0.0027 \div 0.002 = 7.14\%$ 。由此可知，产业结构升级的中介效应在产融结合促进浙西南地区社会福利水平的总效应中贡献更大。可能的原因是，在浙西南地区，产业结构高级化与合理化水平相对较低，产品多样化欠缺，导致居民社会福利偏低。产业结构层次偏低为产融结合发挥社会福利效应留下了许多空间。

9.5 本章小结

本章首先通过双向固定效应模型对高科技制造业产融结合效率影响经济效应的路径进行分析。研究发现高科技制造业产融结合效率对地区经济增长有着显著的促进作用，上述结论在采用逐步回归法进行稳健性检验后依然显著；就作用机制而言，产融结合效率不但可以通过直接影响促进经济增长，还能通过促进产业结构升级这个中介路径，间接地实现对经济增长的推动作用。考虑到地区间经济发展水平的差异会影响高科技制造业产融结合效率对经济增长的作用效果，本章将样本划分为浙东北与浙西南地区进行地区异质性检验。研究发现，在浙东北与浙西南地区产融结合效率对经济增长的总效应和净效应都是显著为正，且无论是浙东北还是浙西南，产业结构升级都在产融结合效率影响经济增长的路径上起着中介作用。

接着，本研究继续探讨了高科技制造业产融结合效率对社会效应的影响。研究发现高科技制造业产融结合效率对浙江省各地级市社会福利水平有显著正向影响；就作用机制而言，产融结合效率不但可以直接影响社会福利，还能通过促进产业结构升级间接推动社会福利水平提高。进一步的异质性分析发现，无论是浙东南还是浙西北地区，产融结合效率的提升均能对社会福利指数产生显著正向影响，但对浙东北地区的促进作用更强。中介效应方面，无论是在浙东北地区还是浙西南地区，产业结构升级均起到了中介效应，但产业结构升级的中介效应在产融结合促进浙西南地区社会福利水平的总效应中贡献更大。

第 10 章　提升浙江制造业产融结合效率的对策建议

已有理论研究和实践都表明，产融结合主体一般是具备一定实力的大型企业与金融集团。在浙江省未来产融结合发展中，大型企业与金融机构仍将占据主导地位。因此，大型企业与金融机构成为发展状况良好的市场主体，是浙江省实施产融结合顺利推进的基础。当前，浙江省大型企业与金融机构的改革发展中仍存在着一些问题。同时，在产融结合推进过程中，浙江省各级政府也发挥着重要作用。基于此，本章从政府、企业与银行视角出发，探讨当前浙江产融结合存在的问题与不足，并提出相应的政策建议，通过实现三者间的协同作用，共同推进产融结合高效率运作。

10.1　政府提升产融结合效率的政策建议

产融结合表面上仅涉及企业与金融两个方面，但在中国情境下，政府发挥着不可替代的重要作用。不论是产业政策的制定还是对金融发展的监管，都离不开政府的有效介入。因而，在产融结合过程中，浙江省各级政府应当充分发挥自身角色和职能，为产融结合创造更好的环境和条件。浙江省各级政府要始终坚持以实体产业为本，让金融回归其支持实体经济发展的本质，并打造符合经济高质量发展要求的新的金融市场体系，防止产业资本为了追求高回报而转向金融资本，虚化弱化实体经济。完善社会主义市场经济体制，需要坚守发展实体经济的初心，认准制造业是基石，必须立足制造业、服务制造业，做大做强制造业，不断提升制造业企业的国际竞争力，否则就可能导致经济的空心化。

因此，产融结合必须坚持金融服务实体经济发展这一大的方向不动摇，防止产业资本在金融化的过程中偏离主业并对制造业发展产生负面影响。而一旦制造业的发展不能持续，就会反过来影响和制约金融业的发展。应该通过探索新的产品与服务对产融结合的方式进行革新，可以将目光更多地聚焦在普惠金融、农村金融、消费金融等方面，通过创新金融服务方式，打造出新型浙江产融结合模式。浙江省各级政府要明确自己的定位，既不能因为过度介入而出现越位，也不能无所作为而出现缺位。既要鼓励和引导产融结合，不断改革创新，积极探索产融结合的有效模式和有效路径，又要积极防范金融风险。根据产融结合的现实需要，基于新的实践、新的形势审时度势修订和完善相关法律法规，不仅要消除制约产融结合发展的不合理规定，还要创新监管规则和监管方式，完善监管体制，提高监管水平。要通过法律法规的完善保护参股企业和金融机构双方的合法权益，为产融结合创造公平、公正、公开的市场环境。

10.1.1 加强法制建设

完善与企业破产相关的法律内容。对于企业破产问题，目前更多强调清算，而对破产企业的重整理念较少。产融结合型企业在破产时涉及复杂的债权人与债务人关系。例如，在德隆危机爆发时，债权人要求法院查封冻结德隆系资产，为维护自身利益纷纷寻求司法保护，导致德隆系企业雪上加霜，甚至无法正常生产经营，[①] 如果德隆系实业企业进入资产清算，就会给社会带来严重的影响。现阶段，国有企业的破产依照的是第十届全国人民代表大会常务委员会第二十三次会议于 2006 年 8 月 27 日通过的《中华人民共和国企业破产法》相关规定，而非国有企业的破产依照的准则是《中华人民共和国民事诉讼法》。为了维护市场和社会稳定，国家目前积极鼓励和引导采用市场化手段处理企业破产问题，相关会议精神要求"注重运用市场机制、经济手段、法治办法化解产能过剩、完善企业退出机制"[②]，"在处置僵尸企业、化解过剩产能、推动供给侧结构性改革的过程中，要依法为实施市场化破产程序提供更多条件"[③]。在这种情况下，提高对企业破产制度重要性的认识，科学合理地实施破产制度，补齐市场主体救治和退出机制的短板，对完善社会主义市场经济有重要意义。

完善与投资者保护相关的法律内容。产融结合中，金融机构的主要股东与一般投资者处于不同的地位，其权益保护也面临不同的情形。金融机构的主要股东或控股股东，一般来说应当公司治理规范、资本实力雄厚、股权结构清晰、管理能力达标、核心主业突出、财务状况良好、资产负债和杠杆水平适度，并具有合理明晰的金融业投资计划的企业。而对于没有构成金融机构主要股东或控制股东的一般性财务投资者，由于其不参与金融机构的经营决策，对风险的把控和承受能力处于相对弱势地位，需要通过完善与一般投资者保

---

① 王瑞. 我国上市公司委托理财的法律环境研究［D］. 北京：北京林业大学，2005.

② 国家发改委五大措施化解产能过剩矛盾［EB/OL］.（2016 - 01 - 12）. http：//finance. people. com. cn/n1/2016/0112/c1004 - 28042552. html.

③ 关于做好 2020 年重点领域化解过剩产能工作的通知［EB/OL］.（2020 - 06 - 12）. http：//www. gov. cn/zhengce/zhengceku/2020 - 06/19/content_5520429. htm.

护相关的法律内容，从而加强对这类投资者权益的保护，引导产融结合健康有序发展。目前，由于缺乏专门针对投资权益保护的专项法律，加上金融机构信息披露制度不够完备，导致投资者投资决策及应对风险等方面存在信息缺陷。因此需要强化产融结合中的金融机构信息披露制度，明确相关法律责任和义务，保护中小投资者的合法权益。

此外，企业选择产融结合的方式有很多，银行、保险、财务公司及证券等都可以作为产融结合的对象，针对这一现象需要政府加紧修订相关的法律法规，建立健全的法规制度来保障产融结合能在这些领域顺利进行，改善目前监管不完善、缺乏相应的惩处依据的情况。

10.1.2 完善市场机制

完善产融结合市场机制建设。应通过完善法律法规、支持政策，强化企业自律，大力发展包括股票市场、国债市场等在内的多层次资本市场建设，提高资本市场的运行效率，为产融结合创造良好的市场环境，让产融结合能够在市场机制下顺利实现。完善股权交易市场，建立有效的产融结合市场退出机制，降低企业进入、退出产融结合的交易成本，防范和化解企业不能顺利退出而可能产生的风险，维护市场的有效运行。

推动多层次资本市场建设。随着中国经济进入新时代，金融创新不断深化，产融结合是企业达到一定的规模和体量之后进入新阶段实现跨越式发展的必由之路。政府要推动多层次资本市场建设，为各种类型的企业开展产融结合提供基础保障；可以设立省政府引导基金、融资租赁基金，促进中小企业债券、OTC 交易、私募股权等发展，开展包括绿色信贷、绿色债券、绿色保险在内的绿色金融服务，大力发展产业链金融，建立新型投融资平台，加强跨区域金融合作。通过多层次资本市场建设，可以为产融结合提供更多模式和选择，提高产融结合的覆盖面和精准度，解决企业因信息不对称而造成的一系列资源错配问题，改善企业融资难、融资慢、资金链断裂、生产效率低下等问题，全面提升产融结合的效率。

在现阶段，要特别重视互联网金融发展，数字经济与实体经济深度融合已经成为新形势下产融结合的重要组成部分，它是为适应当前经济高质量发展需求而产生的新兴模式，是互联网时代促进产融结合的特定手段。由于现有的金融监管政策不利于产业资本进入金融领域，于是众多的产业资本开始选择借助互联网平台切入金融领域。在国家推进互联网战略的背景下，互联网金融作为一种金融创新的方式得到鼓励和提倡，顺应了国家战略导向，为产融结合发展打开了一扇大门，互联网金融大发展下产业资本可以直接介入金融，实现去传统金融化，并由此大大提升产融结合的效率。在这一过程中，创新型合作模式将不断涌现，互联网金融也能进一步深化各方主体的转型与创新，从而为产融结合助力。

10.1.3　降低进入壁垒

目前，浙江省实施产融结合企业的产权主体仍是国有企业。相对于国有企业而言，民营企业面临的融资问题更加严峻，已成为制约民营企业发展的最大障碍，因而参股银行对于民营企业具有更为重要的意义，有利于真正意义上解决民营企业面临的融资约束，实现民营经济快速、高质量发展。从政策取向上来看，国家已经明确鼓励民间资本进入金融领域，但受产权因素的影响，金融机构为规避风险仍然难以给予民营企业与国有企业同样的支持力度，民营企业仍普遍遭遇"玻璃门"和"弹簧门"的尴尬局面，金融机构对于民营企业的"歧视"仍然广泛存在。

新形势下，民营经济对中国经济的重要作用进一步彰显，习近平总书记在2018年11月召开的民营企业座谈会上的讲话对此有充分体现，不仅在作用地位上肯定民营经济已成为推动中国发展不可或缺的力量，强调民营经济是中国经济制度的内在要素，而且在发展取向上明确提出中国民营经济只能壮大、不能弱化，而且要走向更广阔舞台。习近平总书记用"56789"高度概括了民营经济的特征，阐明了民营经济在贡献税收、带动GDP增长、开展技术创新、拉动就业等方面的重要作用，并提出民营企业已经占中国企业数量的90%以上。① 但从实际情况来看，民营企业得到的融资支持却与其做出的贡献远远不相匹配。基于此，政府一方面应该修改和完善相关法律法规，取消对民营企业的行业进入限制和持股比例限制，进一步吸纳民营资本参与产融结合，另一方面更要强化相关政策的落地见效。产融结合是解决民营企业融资问题的重要途径，近年来浙江省各级政府相关部门陆续出台了许多相关重要举措，以推动产融结合在助力民营企业良性、快速发展方面发

---

① 习近平：毫不动摇鼓励支持引导非公有制经济发展 支持民营企业发展并走向更加广阔舞台 [EB/OL]. (2018-11-02). https://www.bjcc.gov.cn/article/300004276.html.

挥更大作用。实际上，海亮集团、海宁恒逸集团、雅戈尔集团等不少浙江省大型民营企业集团在产融结合方面已经取得了实质性进展，证明了民营企业产融结合的有效性。

鼓励、扶持和引导中小企业产融结合。从本书第 4 章案例分析中我们可以发现，到目前为止，浙江省产融结合发展多是以大型企业为主。广大中小企业的健康成长与快速发展，是整个经济转型升级过程的重要内容。现阶段浙江省中小企业正面临着巨大的转型压力，由于缺乏资金、人才和技术等生产要素，发展状况堪忧，其中融资难、融资贵一直是绝大多数中小企业面临的最大发展瓶颈。通过产融结合降低融资与交易成本，助推中小企业发展是一个可行的选择。从法律、政策、资本市场等方面考察，产融结合的基本条件已经具备，浙江省各级政府也一直强调对中小微企业的融资支持问题。要进一步减轻中小企业税费负担，优化营商环境，为中小企业参与产融结合创造良好的环境和条件。搭建中小企业与金融机构互动交流的信息平台，一方面可以促进企业之间的股权买卖，另一方面便于中小企业获得更多的融资信息。广大中小企业的产融结合发展模式要充分考虑企业自身的特点和条件，可以选择一些经济较发达的地区进行先行先试，发起中小型企业与银行等金融机构之间的相互参股，探索面向中小企业的主力银行模式等。

10.1.4 优化产业结构

加强高新技术企业产融结合政策倾斜。经济保持健康发展的实质是经济结构不断优化升级的过程，主导产业与战略产业在国际市场中的竞争优势决定了一个省城的综合竞争力。大力发展高新技术产业，不仅可以促进经济结构转型升级，还可以增强国家的科技竞争力，而金融在高新技术产业发展过程中扮演着十分重要的角色。将高新技术产业资本与金融资本有机结合起来，促进相应产业结构优化进程的实现，通过产融结合的手段将大部分金融资源分配到主导产业和战略产业，是实现产业结构升级的必经之路，也只有这样才能将产业比较优势充分发挥出来。这不仅使得更多的金融资源流入高新技术产业，为产业结构转换奠定基础，促进产业结构的合理升级，同时也能很大程度上提高企业产融结合效率，使发展趋势良好、盈利高的企业得到更多的社会资本，保证资本经营效率不下滑，使高新技术产业在市场中得到长久稳定的生存发展。

强化对产能过剩产业的限制政策。国民经济中有一些产能过剩的产业，由于需求结构的变化或者出现了过度供给，这些产业的产品已经供过于求。有些产业由于国家产业政策的调整，需要逐渐淘汰被新的产业所取代。对于这些产能过剩的产业，需要逐渐减少甚至取消金融支持，通过金融的资源引导功能让这些产业的发展规模降下来，从而达到优化产业结构调整的目的。要坚持国家产业政策的正确方针，对金融资源按特点、顺序、规模等进行合理安排，通过产融结合促使产业结构的调整与升级顺利进行。合理选择安排金融资源结合的产业范围，对于宏观经济效率来说发挥着至关重要的作用。浙江省产业结构的调整和升级，能够很大程度地促进浙江省的经济发展，提升其在国际市场中的地位。在这个过程中，需要控制落后产能的产融结合，以节省出宝贵的金融资源支持高新技术产业等需要浙江省大力扶持的产业，从而从整体上优化产业结构，提高产融结合的效率，实现产融结合与浙江省发展战略的有机结合。

积极推进浙江省金融欠发达地区的产融结合，促进地区平衡发展。金融发展与经济发展水平高度相关。浙江省东部经济发达、浙西南经济发展相对落后，如果不解决经济欠发达地区的产融结合问题可能造成这种经济发展不平衡的局面得以长期锁定，不利于共同富裕目标的实现。一个可行的解决思路是将金融资源适度向浙西南倾斜，鼓励浙西南企业更多参与产融结合，从而支持欠发达地区企业实现更快更好发展。

10.1.5　加强金融监管

金融资本是把双刃剑，不恰当的使用可能会导致企业"脱实入虚"，产生金融风险，同时由于市场和金融产业的波动性，也会对产融结合的结果造成一定的冲击。从发达国家的经验来看，对产融结合进行监管是各国通行的做法。作为市场导向型产融结合发展模式的典型代表，美国的产融结合主要以自由企业制度和发达的资本市场为依托，经历了一个从分业监管到以美联储为中心的"伞形监管"模式的演变过程。"伞形监管"模式又被称为"双层·多头"模式，其中"双层"代表联邦政府和州政府，而"多头"则意指由于分业经营而导致的多个监管主体。尽管该模式被认为是美国金融业发展繁荣的重要基础，但随着金融全球化的不断发展，该模式的弊端也逐渐暴露无遗。2008 年金融危机爆发后，美国政府又陆续进行了金融监管改革，如建立"金融服务监督委员会"和扩大监管范围等。

德国的产融结合发展属于银行主导型模式，在其颇具特色的"全能银行制"下，银行除了从事商业银行的普通业务外，还可以从事股票与债券的发行，以及兼并收购等投行业务。德国产业资本对于银行的依赖性，不仅体现在需要银行提供信贷支持，也体现在银行对工商企业的人事参与及参股/控股方面。德国的全能银行制在很大程度上被视为混业经营的典范，政府对银行的监管比较宽松，使得德国的产业资本与金融资本之间的转化与融合相对比较顺畅，这对德国二战后的恢复重建和后来所取得的"经济奇迹"都具有很大的促进作用。但全能银行制也蕴含着大量的风险因素，德国政府通过完善相关法律体系，构建了一个融自我监管、社会监管和政府监管为一体的规制体系，采取了货币政策执行与银行业监管相分离的模式，注重各金融监管部门之间的协调与配合，并突出了重点的监管对象。

英国产融监管经历了一个从分业监管到混业监管的演变过程。在分业监管阶段，英国主要的金融部门有商业银行、投资及商人银行、保险业、基金管理、房贷业、证券交易等，相应的金融监管机构有9家，分别对银行业、保险业、证券投资业等金融机构实施监管。英国工党于1997年执政后，设立了一个全新的、英国唯一的综合性金融监管机构，即金融服务管理局，统一了对银行业、证券业、保险业等金融部门的监管职能，这标志着英国金融监管由分业走向混业。金融服务管理局以维系英国金融体系的公开、增进民众对金融体系的了解、确保消费者受到适当保护、减少金融犯罪为监管目标。

日本的主力银行不仅对工商企业提供最大份额的信贷资金，而且还会与工商企业之间长期保持相互持股和人员参与等重要联系。在二战后的金融体制改革过程中，日本政府出台了一系列规制措施对产融结合发展进行约束，例如 1947 年颁布的《禁止垄断法》规定金融机构持有工商企业股份的比例不能超过发行总额的 5%；《证券交易法》则对商业银行持有、承销和交易企业证券进行了限制。日本政府在产融结合的整个过程中，主要对银行进行监管以确保银行体系的安全与稳定，具体的监管措施既包括对信贷的监控，也包括对设立分支机构和进行兼并的许可与指导。

结合我国实际情况来看，产融结合既取得了显著的成效，也暴露出了一些风险与问题。德隆系、格林柯尔系等事件表明，产融结合过程中容易滋生资本重复计算、关联交易等风险隐患[①]。

浙江省各级政府监管部门应该对此有清醒的认识，要通过完善制度设计、加大监管力度等手段，既从机制上保障产融结合在清晰的规则范围边界内有效运行，又要防止个别企业采用不正当的手段隐匿风险，实施金融操控。要提高信息披露要求，并设置必要的防火墙机制，包括股权比例的限制、并表的监管、内部交易的披露等具体的方面。具体来说，应将集团公司和各子分公司作为单独承担法律责任的独立法人，规范子公司之间的交叉持股及其相互之间的业务联系和内部

---

① 万良勇，廖明情，胡璟. 产融结合与企业融资约束——基于上市公司参股银行的实证研究 [J]. 南开管理评论，2015，18（2）：64 - 72，91.

交易，从而有效防范潜在风险，并在风险发生时能够有效防止风险转移和扩散。要设立集团公司和子分公司都应遵守的资本充足率要求，当某一子公司出现指标预警时，要及时采取应对措施，避免风险通过资金流动传递。同时，优化人事安排，对实业企业董事及高管在关联金融机构的任职做出适当限制，也可以有效降低风险发生的可能性。

设立产融结合准入、退出管理制度。市场准入机制是防范产融结合风险的第一道屏障。监管部门要设立产融结合准入制度，严格审批、谨慎放行，防止出现不具备资质的企业参股金融机构的情况。现阶段中国的产融结合型企业存在着诸多问题，经营能力参差不齐，应对金融领域引致道德风险的能力差异很大，企业之间产融结合效率也存在明显差异。因此，对企业进行筛选，保证只有优质企业才能参与产融结合显得尤为重要。中国现有的产融结合制度是市场经济体制下由产到融单向的股权结合，监管部门应为企业参股金融机构设立门槛及财务量化标准，审核其资本总额、资产负债率、资本结构、偿债能力、现金流量等财务指标以及实际的经营状况，确保参股金融机构的企业治理结构完善、财务状况良好、主业发展稳定，还要进一步明确企业参股金融机构的比例、类别和数量限制，加强对金融企业大股东的监管，防止产融结合盲目扩张。要限制资不抵债、业绩亏损严重的企业进行产融结合，一方面防止产融结合的低效甚至无效，另一方面防止企业出现不良动机，比如通过"圈钱"还债。对于现金流量低、经营能力下降的企业，应限制其参股金融机构股权比例，以保证企业正常的经营活动。

除此之外，还要审查企业的治理结构及内控制度，确保主体资格条件符合要求，以降低企业产融结合之后可能发生的经营风险和金融风险。监管机构可参考"牌照申报制度"，使得产融结合的目标更加清晰，促使企业和金融双方显示出真实的信息，通过充分的信息交换，解决市场准入中存在的信息不对称问题。一旦发现有虚假申报的情况，监管机构可以对相关企业进行处罚，比如在一定时期内取消其申请资格。另外，还要考核被参股的金融机构的经营状况是否有利于企业的发展，限制企业入股和参股同一类型金融机构的数量。

为了提高整体产融结合效率，必须理顺退出机制。对于产融结合效率低下、经营能力较差的企业，监管机构应及时给予审计监督，及时关注产融结合后的资金流向，必要时责令退出产融结合，在退出方式的选择上可以根据实际情况保持灵活性，既可以全面撤资也可以部分减持，既可以是区域性退出又可以是整体性退出。不过，是否退出主要应该由制造企业和金融机构之间协商达成一致，政府仅需要做好协调工作，但不应过多干预，以避免干扰市场机制的有效运行。

浙江省政府还应该加强对产融结合风险的外部监管，可以考虑成立一个专门针对产融结合的职能部门，汇集和共享各监管部门的信息，并形成定期信息披露的机制。还可以考虑在特定产融结合试点城市和区域，尝试建立负面清单制，促进产融结合实践的先试先行。需要指出的是，产融结合程度并非越深越好，应该充分考虑监管体制、金融发展水平、企业规模及能力、行业属性等因素确定结合程度，以实现企业资本的战略扩张与竞争力的同步提升。

建立产融结合监管协调机制。现代产融结合所走过的道路，已经明确揭示出了不断优化监管体系的重要性。目前浙江省产融结合发展依然面临着资本市场发育不完善、法律法规不健全、企业治理结构不合理等诸多问题，为产融结合发展埋下了很多"定时炸弹"。为此，不断创新产融结合监管体系就成了一个迫切需要解决好的问题。金融自由化改革容易产生因监管政策不到位而引发的问题，当前浙江省金融市场的环境复杂多变，金融投资平台良莠不齐，政府金融监管仍存在盲区。产融结合的监管对象不仅包括对金融控股公司的监管，还涉及对国有金融资产的监管，在"分业监管"体制下涉及监管主体不统一的问题，既可能导致重复监管，也可能产生监管盲区。

需要针对产融结合设计一个由某个部门负总责、其他部门协助监管的主监管机制，并强化金融监管的部际协调，确保及时掌握综合的相关信息，从而实现金融监管的协同监管。为此，对产业部门与金融部门的交叉持股行为加以规范和引导，有助于积极稳妥地推动产融结合的健康有序发展，避免产业金融创新引发区域性、系统性的金融风险。

因此，加强浙江省金融行业监管部门与国有资产监管部门的协调和沟通，是未来监管体制设计中值得重视的重要问题。应加强产业金融准入审核，协调不同部门的金融职责，加强各相关主管部门的监管协调，形成分工明确、功能统一的监管框架。浙江省各级政府监管机构应该重点监管企业的治理结构、资本金状况、内部交易、风险隔离机制等，强化对产融结合企业的监督约束机制，有效识别和防范各类潜在风险。各监管机构之间应加强对产融结合企业信息披露的管理，建立有效的信息共享机制，降低监管成本，提高监管效率。

10.1.6　加强产业投资人才培育

缺乏专业人才是制约产融结合效率的一大因素。产融结合由于实现了"跨界组合"，因而需要相应的既懂产业、又懂金融的复合型人才。由于浙江省对金融行业的发展实施严格监管，产融结合也还处于初级发展阶段，因而该领域的人才储备不够充分，势必会影响产融结合的效果。当产业资本开始涉足金融行业时，对金融行业运行规则的深入理解就显得特别重要。当金融资本参股产业资本时，相应的投资团队就高度依赖具有相应行业教育背景和实践经验的高端专业人才。

因此，浙江省各级政府需要加大对有行业背景的投资人员的培育，以满足产业集团和金融资本的发展需要；通过优化人才培养制度培育出更多掌握投资知识的从业人员，为产融结合提供智力支持。可行的途径有以下几条：一是加大金融学专业 EMBA 领域的人才培养力度，强化产融结合方向，重点招收具有行业背景、在实业经营领域已经取得显著成绩的企业中高层管理人员进行针对性的培养，为产融结合领域提供充裕的人才储备。二是借助高校的教育资源，开展更具针对性和灵活性的短期人才培养。三是鼓励企业通过薪酬、福利、职位等激励措施来吸引有行业背景的投资人员加入，使其为企业的产融结合助力。四是金融机构可以吸引有实体经济从业经验的复合背景的投资人员加入，从而做到由融到产，推进产融结合发展。五是建立一系列的人才引进机制，鼓励高端人才的流动，比如跨国流动、金融机构与企业之间的流动、国内较发达地区与欠发达地区之间的流动等，通过人才的交流流动来促进产融结合的创新。

10.2 金融机构提升产融结合效率的对策

产融结合是产业资本与金融资本的融合，金融市场的运行状况、金融机构所提供的产品和服务直接影响到产融结合的质量和效率。总体来说，浙江省金融市场还不够完善，金融机构所提供的产品、服务与发达国家相比还存在明显差距。金融机构一方面要增强服务意识，真正做到以推动实体产业发展为己任，另一方面应该以产融结合为契机，进一步完善自身的治理结构，强化金融创新。

10.2.1 加大金融创新力度

在新时代下，创新是发展的必由之路。在产融结合过程中，实体经济层面的创新与金融创新均具有重要意义，而金融创新的重要性却容易被忽视。浙江省金融市场发展还不完善，金融市场的发展与发达国家相比存在较大差距，省内区域间金融市场发展水平良莠不齐，企业间短贷长投的期限错配现象屡见不鲜。从国际上来看，金融行业积极利用最新的科学技术开展金融创新，金融支付手段和融资工具不断翻新，极大地提高了资金流动和转移的速度，提升了金融的国际化水平，提高了资金融通的效率。金融交易电子化等金融创新增加和完善了金融市场的各项功能，显著提升了金融业的运行效率。因此，浙江省金融机构需要推进金融创新，深化金融创新改革。对此，金融机构需要结合内外部环境条件及产融结合的现实需要，组建创新机构，加大金融人才的培养，探索新的金融技术，不断开展金融创新。互联网、信息技术等的不断发展，为金融创新提供了丰沃的土壤。金融企业应该充分利用新的技术机会，顺应国家的产业发展政策导向，以支持实业发展、提高金融运作效率为目标，不断探索新的金融服务内容和服务方式，为产融结合提供更好支撑。

10.2.2　强化股东备案制度

金融业性质特殊，其蕴含的内生风险很容易传播和扩散，并引发一系列的派生风险，因而各国对金融机构的运行都有较为严格的监管。要保持金融机构的稳健运行，减少风险的发生，就要提高对股东的资质要求。金融机构应该建立股权管理制度，明确股东资质标准，在公司治理、核心业务、财务状况、资本实力、管理能力等方面对控股股东或者主要股东制定具体的量化标准，并且必须制定明晰可行的长期金融业投资商业计划，对达不到标准要求的企业，应当限制其对金融机构的投资，更不能成为金融机构的控股或者主要股东。要完善金融机构股东管理制度，明确金融机构的股东资格、参控股机构数量等，加强对股东资金来源的合规性审查，从源头上提高产融结合效率。完善产融结合事前审查、事中核查、事后追查等管理，强化对参股金融机构股东行为的持续监督，同时还应完善金融机构股权转让行为的监督管理。股权转让会影响股东的持股比例，从而可能触发股东资质要求合规性的审查条件，因而金融机构需要密切关注主要股东及关联方情况，掌握其持股比例变化情况以及股权质押融资信息等，对超过规定比例的股权转让应及时报监管部门审查或备案。

10.2.3 加大咨询服务力度

以银行为主的金融机构在产融结合中发挥着重要作用，它们不仅是制造企业产融结合的参股对象，还要为制造企业提供参股资金支持，与相关企业是紧密的利益共同体。浙江省各金融机构拥有丰富的人才、信息、金融资源优势，应该充分发挥自身优势，与制造业企业一道制订适宜的投资计划，引导产融资本实现最优结合，提高产融结合的成功率和投资回报率。另外，金融机构在产融结合的进展、成效、风险等方面具有先天的信息优势，当产融结合的运作出现风险时，应该第一时间进行风险预警，切断产融结合风险从金融部门向实体部门传递的途径。

10.3 企业提升产融结合效率的对策

由浙江省的产融结合发展现状来看，由产到融是主要的运作模式，因而工业企业在产融结合中扮演着重要角色，企业自身的发展能力和水平、企业参与产融结合的动机、企业的风险控制能力、资本运作能力等直接决定着产融结合能否顺利运作并取得预期的成效。在产融结合实践中，可能出现企业对产融结合业务认识不清，准备不足，在运作过程中不能实现产业资本与金融资本的深度融合，对可能发生的风险缺乏预警和处置能力等现象，这些都会导致产融结合失败，甚至发生较大风险。为了提高产融结合效率，企业应该重视以下几个方面的工作。

10.3.1 实现战略性产融结合

实体企业最本质的属性是通过生产专门的产品和服务直接创造物质财富，这是国家和社会发展之基。金融资本不能脱离实业资本而独立运行，必须依附和从属于实体产业，金融资本是支持实体产业发展的润滑剂，认清实体产业与金融产业之间的这种关系是做好产融结合工作的根本。制造业企业在产融结合过程中，要始终坚持实业主导的正确方向，站稳立足主业、发展主业、强化主业、不断增强核心业务竞争力的基本立场，要坚决防止不顾企业实际一哄而上。要正确认识产品经营和资本经营的关系，利用金融是实业企业发展的必由之路，但不宜把直接涉足金融视为实业企业发展的必由之路。成功的产融结合案例表明，以主业为中心，使金融围绕主业稳定发展，是产融结合稳健经营的基本模式。通用电气公司（GE）的例子清楚地表明了这一点。正是由于 GE 产业发展为主的高信用评价和低成本资金助推了 GE 金融的稳健成长，GE 金融所涉足的设备金融、信用卡、房地产抵押等业务，从产融结合到产融分离，都是以保护主业发展为核心内容①。

因此，企业对产融结合要有长期、系统的规划，应该结合自身实际包括企业发展阶段、财务状况以及金融市场状况，科学理性地决定是否要开展产融结合以及产融结合的具体时机、方式和范围，要坚决避免将产融结合视为操纵融资的手段，追求眼前利益、短期利益。一般来说，企业应该从以下几个方面分析产融结合的时机是否成熟：一是是否与国家及省的政策导向相一致；二是产融结合与企业的长远发展战略是否相一致，能否很好地支撑核心业务发展；三是通过考察企业的关键财务指标判断企业自身的基本条件是否具备；四是开展相关业务是否具备必要的人才储备；五是是否具备适当的金融行业投资标的。只有以上条件均具备时，企业才可以考虑进行产融结合，也才能保证产融结合收到比较好的效果。

10.3.2　发挥金融资本与产业资本协同效应

高层次产融结合的出发点和落脚点是实现金融资本与产业资本之间的互助互促，协同互动，以金融资本推动产业高质量发展，以产业发展带动和促进金融业务创新深化，最终实现产业资本与金融资本的共同发展。在产融结合已然形成浪潮的形势下，企业要特别重视产融结合发展战略的制定问题，以实现产业资本与金融资本之间的协调发展。只有深化产融结合的程度，企业才能真正掌握金融企业的管理决策权

---

① 刘昌菊. 中国产融结合效率研究 [D]. 北京：北京邮电大学, 2018.

与控制权，才能充分利用金融资本为产业发展服务。

　　因此，企业要基于长远的产融结合发展规划，制定合理化的产融结合发展战略，并进行系统全面的统筹谋划，形成稳定和持续的赢利模式。企业应根据自身情况合理规划，考虑与主业密切相关的金融企业进行结合，提高主营业务和金融业务关联性，使二者有机融合，实现互动，防止资源分散导致的企业效率降低，并对产融结合进行周详的考虑、计划和整合，实现战略性产融结合。制造企业应该夯实主业，在此基础上依据自身情况、不同金融机构的风险程度和盈利水平等慎重选择参股对象。要始终坚持发展实体产业这一方向不动摇，以此为出发点考虑金融业务如何与企业主业发展相融合，才可能实现企业的长远、健康发展。如果脱离了服务主业这一主线，一味沉迷于金融资本的运作，则可能对企业发展产生巨大风险，甚至最终危及企业生存。企业要结合自身实际，逐步积累经验，在确保风险可控的前提下逐渐加大金融参股比例，在人事、资本、信息等方面不断提升融合水平，实现金融资本对产业资本的有效支撑，并以产业发展推动金融业务不断发展和深化，最终实现两种资本相得益彰、两个产业双轮驱动。

10.3.3　严格管控财务风险

　　产融结合型企业要在市场中立足就必须建立完善的财务风险管控制度，通过科学、合理、系统的财务风险控制程序，将财务风险作为风险管控的重要方面，规范风险管理。产融结合型企业需要有意识地对现有的风险控制流程进行审核和评价，确保其在产融结合的背景下仍然有效，如果审核结果发现存在缺陷和问题，就应该根据新的发展需要对其进行完善，从而使得企业的风险控制流程能够紧跟企业发展的步伐。在现行的监管机制尚不健全的情况下，企业应当认识到资本重复计算以及关联交易等可能诱发的风险，这是涉及战略、财务、操作、声誉等多个方面的风险管理过程。

产融结合型企业建立财务风险控制流程，大体可以从以下几个方面着手。一是财务风险管控的组织架构设计。要建立相互支撑、互为补充的企业财务风险管控组织架构，包括董事会风险管理委员会、操作合规部、内部审计部、战略发展部等，各司其职，各负其责。二是财务风险控制的目标设定。产融结合型企业作为市场上的一股新鲜势力，与传统的企业发展路径有所不同，因而其运营模式及潜在的风险需要不断地摸索尝试。产融结合型企业在对待风险控制目标时需要辩证看待，既不需要太过严格，可适当增加对风险的容忍度，又不能为所欲为、完全不正视风险的存在。事实上，正是作为新鲜事物存在的不确定性，更需要企业谨慎、认真对待可能面临的风险。在进行企业财务风险目标设定时，需要财务风险组织架构中的各个部门共同发挥作用，从而制定以上率下、目标一致的风险控制目标。董事会风险管理委员会立足于企业发展形势与战略目标，从整体上对公司财务风险控制目标进行宏观的设定，把握好大的方向，而各分部门则根据这一大的目标分别在各自部门制定具体的微观目标，积极落实整体目标。三是财务风险的评价与管控。产融结合型企业通过对财务风险的评价与预警，对可能发生的财务风险进行识别和控制，做到未雨绸缪，防止风险隐患不断积累形成危及企业生存的大风险。为此，企业需要建立专门的财务风险评价预警体系，有意识地对企业财务风险进行分析和评价。通过收集相关信息并对数据信息进行深入分析，预估风险的增减变动情况，以达到对企业财务风险及时进行监督与防范的目的。还可以建立一套财务风险定期报告制度，定期向上级主管部门呈交报告，详细说明风险的类型、大小、成因等，以利于企业层面风险管控措施的制定。企业管理层应该对信息进行分析研究，最终选择制定出针对性的风险管控措施，从而达到规避风险或者消除风险的目的。四是财务风险管控的监督与反馈。产融结合型企业要对风险管控过程的有效性及合理性进行评估，具体来说就是要依据企业风险委员会制定的风险管控目标，对预测风险与实际风险进行科学有效的比较，找出二者之间的差距，从而评估企业的风险管理系统是否存在缺陷，是否能够对财务风险进行有效规避，在此基础上对财务风险管理系统进行有针对性地改进和完善。

在财务风险管控过程中，企业要重点关注偿债能力及现金流量的变化。企业在发展过程中遇到的最大的困境就是资金短缺，企业通过产融结合解决了融资困境，但却容易忽视偿债风险可能给企业经营产生的潜在影响。偿债风险是产融结合型企业很容易爆发的财务风险，由于风险具有传染性，要切实预防偿债风险可能对企业生产运营与资本的安全性产生影响。企业出现债务危机的一个前兆往往是现金流短缺，因此，产融结合型企业需要特别重视现金流的预测及管理。要对现金流进行及时的预测，通过对资产负债表、应收款项、存货状况等的分析，明了企业现金流变化情况，判断企业是否出现了财务危机。是否能够建立及时、灵敏反映企业财务风险的现金流预警系统，将决定着企业能否对产融结合风险做出有效的判断与应对。从实践来看，企业对现金流的关注和分析周期时间较长，往往仅能反映年度情况，这对及时预测财务风险显然是不够的。

因此，开展产融结合的企业应该建立时间周期更短、更能及时反映企业运行状况的现金流分析预警系统，这是一项必不可少的工作。在建立预警系统之后，企业应该立足于自身发展情况以及企业发展战略目标，结合对企业未来的经营、投资、融资等对现金流进行合理的规划与预测。考虑到预测存在一定的不确定性，为了应对可能出现的风险状况，企业在进行预测时应该留有一定的余地，允许相关指标存在一定的波动空间，保证即便出现较为不利的情况也能够将风险控制在可以接受的范围之内。另外，企业的现金流预警系统往往是根据历史经验构建的，不一定能够适应新的形势，尤其是企业开展产融结合之后情况可能发生了较大变化。鉴于这种情况，企业应该对预测结果与实际发生的情况进行比较，及时分析预期模型与现实情况之间的差距，并对模型进行校正和纠偏，从而优化预测模型，完善预测工作，最大程度保证预测结果的可靠性。

10.3.4　完善专业经理人管理机制

人力资源是实施管理和控制的执行载体，其储备的丰度决定着管理和控制的方式及有效性。发展金融业务，需要大量高素质的金融人才。金融控股集团的经理、董事以及主要股东都需要在专业资历、品行方面满足金融控股企业集团监管部门的相关资格要求。实业企业金融人才储备不足是制约产融结合效率提升的重要因素，相关人员缺乏基本金融管理经验和对金融风险的必要认知，加大了产融结合企业的经营管理风险。职业经理人制度是培养人才的重要制度设计，通过激烈的市场竞争，不仅能为产融结合型企业选拔胜任的经理人，而且还能在很大程度上抑制在位经理人的机会主义倾向。

现阶段，浙江省金融领域的职业经理人市场尚未建立完成，这就使得民营资本控制经纪人风险产生了困难。因此，要加强对相关人员的资质管理，建立企业高管任职资格审查制度，避免由于不熟悉金融或产业知识而盲目决策给企业带来不利影响。要对产融结合型企业的高级管理人员进行准入资格的严格审查，包括工作经历、管理水平、信用状况以及历史业绩等各个方面。企业要着力培养一批既深刻了解产业运行规律、经营模式和发展战略，又熟练掌握金融和财务知识的复合型专业人才，在产业业务知识、金融专业技能等方面加强培训。中央企业可以通过向金融子公司委派高管的方式加强对金融子公司的控制，建立金融资本与产业资本人才之间的流动机制，激活整个企业的人力资源体系建设。

10.3.5　强化企业基本职能建设

为确保企业金融产业发展战略落地，企业需要做好有针对性的保障措施，包括法人治理结构设计、企业文化建设、风险控制系统建立、人力资源管理体系的建立、信息化建设、财务管控及绩效评价体系的建立等。

　　要科学设计法人治理机制，促使经营层的目标同股东目标一致。公司治理结构是基于企业经营目标的最佳实现而做出的，对所有权和经营权采取相互制衡的结构性制度安排。政企不分、经营者权责不清等不完善的公司治理机制对企业进行产融结合具有不利影响。比如很多企业采取的是总经理负责制，即便设立了董事会也往往与经理层和党委会重合，并未形成"股东大会""董事会""监事会"相互协同、相互制约的治理结构。企业需要进一步加强对公司治理机制的建设，完善董事会结构、监事会制度和激励约束机制，强化管理层的风险责任意识，继续推进政企分离，转变党政机构职能，完善企业所有制制度，实现股权多元化。

　　《中华人民共和国公司法》《中华人民共和国企业国有资产法》等法律法规对企业治理结构做出了明确要求，企业要严格按照相关规定制定和完善公司章程，真正构建起决策、执行、监督机构之间相互协同、相互制衡的公司治理格局。董事长与总经理分属于决策层和执行层，他们之间具有相互制约、相互制衡的关系，因而需要分设两个职位，而不是像很多企业那样两职合一。针对董事会专业性不足、难以做出科学决策的现实，可以在董事会内部分设相应的专业委员会，在相关的专项决策上发挥专业人员的作用，提高董事会决策的科学性、权威性。要制定合理的经理层薪酬体系，既要与工作绩效挂钩，又要与市场行情接轨。在治理机制设计中，应充分发挥董事会及其专业委员会的作用。董事会承担着委托人与代理人的两种身份，董事会的超脱可以确保各方面利益取得均衡，使企业管理更加高效。由于金融企业的特殊性质，特别是金融企业监管特性以及产业中利益相关者众多的特性，董事会的超脱具有特殊重要的意义。为避免由于内部人控制导致的关联交易风险，应在董事会中搭建起外部董事制度，在各专门委员会中引入独立董事。

推进企业文化建设，确保各金融子公司在理念和行为规范上的统一及各成员单位之间以及与外部商业个体的联动，有利于企业理念得到高效贯彻，自上而下有效地整合系统内的资源，增加企业各职能部门之间的信任度，实现高效的协同效应。对于产融结合过程中产生的信托、租赁、期货、银行等金融子公司，因为人员多为外部引入，与母公司文化存在较大差异，只能采取先逐步推进各子公司内部文化建设等措施循序渐进地推进企业整体文化建设，再通过文化管控来调整子公司的行为规范，逐渐实现文化上的融合。在文化建设过程中，企业要特别重视风险管理文化建设，这对企业的经营管理理念具有深远的影响。当前我国市场经济及相关制定尚不够完善，经济转型过程中尤其需要强化风险管理意识。不同的风险文化将导致不同的风险管理战略、流程和举措。

基于企业产融结合发展的需要，企业应该着力构建包含"精神""制度""行为""物质"等四个层面的风险管理文化，让风险管理文化全面融入企业的各个运行层级和环节。精神层面的重点在于通过宣传、教育、培训等活动，强化员工的危机防范意识，使员工能够结合自身所处的环境和发展阶段认清种种风险来源，形成符合发展需要的风险价值观。在制度层面，企业应当基于风险识别和防控的需要，建立起涵盖整个业务流程的系统化、规范化的制度体系，制定出具有可操作性的系列规章制度，将内涵于精神层面的价值理念和风险意识等显性化。在行为层面，企业需要将精神和制度层面的文化内容有效地贯彻到具体的经营活动之中，一方面养成遵纪守法和诚实经营的行为风尚，另一方面要直面新形势新问题形成灵活务实的习惯和品质。在物质层面，企业要借助各种物质手段和技术条件，打造适应产融结合风险管理需要的物质环境，为企业生产和提供符合市场需要的产品与服务营造良好的环境与条件。

推行以信息汇报制度为基础的信息化建设，推进信息流的交流，提高管理效率，保障金融产业战略的实施。企业要建立日常重要事项汇报制度，对需要上报事项进行规定，并制定相应政策和流程，对隐瞒不报要有相应的处罚措施；建立重大事项及时汇报制度，金融子公司需要根据情况及时汇报本公司重大事项。推行以预算为基础的财务管控制度，涵盖全面预算管理、人员委派以及会计、审计、信息报告制度的建设。在财务管控的设计中，要坚持以资本运营为核心，突出每家金融子公司的独立经营的角色。建立以 EVA 综合平衡计分卡为基础的绩效评价体系，对旗下金融子公司管理层的经营业绩开展科学评价，并据此采取适当的激励或者惩罚措施。

10.4 本章小结

在产融结合过程中，政府、金融机构、企业不仅分别发挥着重要作用，而且三者之间还应该发挥协同作用，共同推进产融结合高效率运作。

一方面，需要明确企业、金融机构、政府这三大主体在产融结合中各自所发挥的作用。企业是产融结合之本，产融结合的最终目的是服务于企业发展，这就需要企业以产融结合为契机，强化核心产业，完善企业内部治理结构，创造比较优势，提高资本运作效率。对金融机构来讲则需要坚守金融本质，不断完善金融结构，创新金融产品，更好地支撑产业企业的发展。政府要充分发挥政策制定、环境营造者的作用，为金融资本和产业资本的结合创造一个良好的环境，为产融结合提供助力。政府可以对产融结合给予财政支持，但这并不一定利于所有企业的发展，政府可以将财政投入转变为政策环境的打造，比如通过加强监管解决企业在产融结合中的后顾之忧，间接为产融结合助力。

另一方面，要重视企业、金融机构、政府之间的协同。过去对企业、金融机构、政府各自角色的讨论是分离的，孤立于各自的维度之中，忽略了三者之间的协同与联动效应，只有重视三者间的职能融合，构建互动体系，才能实现高质量发展。要引导企业注重比较优势，进行错位竞争，防止金融与产业资源发生错配。产融结合存在地区效应、产业效应，不同产业、地区的产融结合程度存在很大差异，效果也参差不一，根本的原因在于不是所有地区、所有产业均适合进行产融结合，这就需要浙江省各级政府进行适当的引导，优化资源配置，减少资源错配现象的发生。

参 考 文 献

[1] 毕克新，付珊娜，杨朝均，李妍．制造业产业升级与低碳技术突破性创新互动关系研究 [J]．中国软科学，2017（12）：141-153.

[2] 边瑞霄．中国高新技术产业技术效率测度及影响因素实证研究 [D]．大连：大连理工大学，2009.

[3] 柴灏．我国高新技术产业国际竞争力影响因素的实证研究 [D]．杭州：浙江工业大学，2012.

[4] 陈美，夏卓秀．产融结合与企业创新——基于央企控股上市公司的经验证据 [J]．金融评论，2019，11（2）：81-94，125.

[5] 陈诗一，陈登科．雾霾污染、政府治理与经济高质量发展 [J]．经济研究，2018，53（2）：20-34.

[6] 陈燕玲．产融结合的风险及其防范对策研究 [J]．生产力研究，2005（5）：130-132，243.

[7] 陈悦，陈超美，刘则渊，胡志刚，王贤文．CiteSpace知识图谱的方法论功能 [J]．科学学研究，2015，33（2）：242-253.

[8] 丛海彬，邹德玲，蒋天颖．浙江省区域创新平台空间分布特征及其影响因素 [J]．经济地理，2015，35（1）：

112 - 118.

[9] 杜传忠，金华旺. 制造业产融结合、资本配置效率与企业全要素生产率 [J]. 经济与管理研究，2021，42（2）：28 - 40.

[10] 杜传忠，王飞，蒋伊菲. 中国工业上市公司产融结合的动因及效率分析——基于参股上市金融机构的视角 [J]. 经济与管理研究，2014（4）：84 - 90.

[11] 凡勃伦. 有闲阶级论 [M]. 北京：商务印书馆，2011.

[12] 葛宝山，何瑾. 产融结合与企业创新投资 [J]. 求是学刊，2019，46（2）：99 - 110.

[13] 郭牧炫，廖慧. 民营企业参股银行的动机与效果研究——以上市民营企业为例 [J]. 经济评论，2013（2）：85 - 92.

[14] 韩民，高戌煦. 供应链金融对企业融资约束的缓解作用——产融企业与非产融企业的对比分析 [J]. 金融经济学研究，2017，32（4）：59 - 69.

[15] 何敏. 产融结合的风险与挑战 [J]. 中国金融，2013（2）：77 - 78.

[16] 胡恒松. 产融结合监管问题及制度创新研究 [D]. 北京：中央民族大学，2013.

[17] 胡彦鑫，刘娅茹，杨有振. 产融结合能否提升企业投资效率？——基于上市公司持股金融机构的经验证据 [J]. 经济问题，2019（3）：39 - 46.

[18] 胡泽文，孙建军，武夷山. 国内知识图谱应用研究综述 [J]. 图书情报工作，2013，57（3）：131 - 137，84.

[19] 黄昌富，徐亚琴. 产融结合、投资效率与企业经营绩效——基于制造业上市公司面板数据的实证研究 [J]. 现代财经（天津财经大学学报），2016，36（9）：16-26，36.

[20] 黄凌灵，李然. 我国上市公司产融结合效果实证研究 [J]. 会计之友（上旬刊），2010（12）：74-76.

[21] 姬茜茜. 海亮股份产融结合对企业经营绩效的影响研究 [D]. 上海：上海师范大学，2019.

[22] 蒋天颖，白志欣. 基于偏好 DEA 模型的企业知识管理效率评价研究 [J]. 情报杂志，2012，31（1）：123-127，133.

[23] 蒋天颖，程聪. 基于资源整合观的高新技术企业战略决策研究 [J]. 科技进步与对策，2011，28（7）：102-106.

[24] 蒋天颖，丛海彬，王峥燕，张一青. 集群企业网络嵌入对技术创新的影响——基于知识的视角 [J]. 科研管理，2014，35（11）：26-34.

[25] 蒋天颖，华明浩. 长三角区域创新空间联系研究 [J]. 中国科技论坛，2014（10）：126-131.

[26] 蒋天颖，华明浩，张一青. 县域经济差异总体特征与空间格局演化研究——以浙江为实证 [J]. 经济地理，2014，34（1）：35-41.

[27] 蒋天颖. 基于贝叶斯网络的组织创新影响机制研究 [J]. 科研管理，2011，32（5）：61-67，102.

[28] 蒋天颖，季伟伟，施放. 制造业企业组织学习对组织绩效影响的实证研究 [J]. 科学学研究，2008（5）：1046-1051.

[29] 蒋天颖，刘程军．长江三角洲区域创新与经济增长的耦合协调研究 [J]．地域研究与开发，2015，34（6）：8 - 13，42．

[30] 蒋天颖，孙伟．网络位置、技术学习与集群企业创新绩效——基于对绍兴纺织产业集群的实证考察 [J]．经济地理，2012，32（7）：87 - 92，106．

[31] 蒋天颖．我国区域创新差异时空格局演化及其影响因素分析 [J]．经济地理，2013，33（6）：22 - 29．

[32] 蒋天颖，吴福象．基于网络嵌入的高新技术集群企业知识创新研究 [J]．情报杂志，2013，32（4）：202 - 207．

[33] 蒋天颖，谢敏，刘刚．基于引力模型的区域创新产出空间联系研究——以浙江省为例 [J]．地理科学，2014，34（11）：1320 - 1326．

[34] 蒋天颖，张超，孙平，蒋雄飞．浙江省县域金融创新空间分异及驱动因素 [J]．经济地理，2019，39（4）：146 - 154．

[35] 蒋天颖．浙江省区域创新产出空间分异特征及成因 [J]．地理研究，2014，33（10）：1825 - 1836．

[36] 焦英俊．中国高新技术产业技术效率空间溢出效应研究 [D]．长春：吉林大学，2020．

[37] 凯恩斯．就业，利息和货币通论 [M]．高鸿业译．北京：商务印书馆，1983．

[38] 拉法格．文论集 [M]．罗大冈译．北京：人民文学出版社，1962．

[39] 黎文靖，李茫茫．"实体 + 金融"：融资约束、政策迎合还是市场竞争？——基于不同产权性质视角的经验研

究 [J]. 金融研究, 2017 (8): 100-116.

[40] 李翀, 曲艺. 国际产融结合模式比较分析及借鉴 [J]. 亚太经济, 2012 (3): 76-81.

[41] 李茫茫. 实体企业产融结合: 动因与经济后果研究 [D]. 广州: 暨南大学, 2018.

[42] 李书华, 李红欣. 产融结合的风险管理研究 [J]. 黄河科技大学学报, 2008 (2): 72-74.

[43] 李涛, 梁晶. 基于 RS-DEA 的产融结合型农业上市企业经营绩效评价 [J]. 财经理论与实践, 2019, 40 (4): 60-66.

[44] 李拓晨. 我国高新技术产业竞争力评价研究 [D]. 哈尔滨: 哈尔滨工程大学, 2008.

[45] 李维安, 马超. "实业+金融" 的产融结合模式与企业投资效率——基于中国上市公司控股金融机构的研究 [J]. 金融研究, 2014 (11): 109-126.

[46] 李先跃. 中国文化产业与旅游产业融合研究进展及趋势——基于 Citespace 计量分析 [J]. 经济地理, 2019, 39 (12): 212-220, 229.

[47] 列宁论帝国主义 [M]. 北京: 人民出版社, 1974.

[48] 林毅夫, 孙希芳, 姜烨. 经济发展中的最优金融结构理论初探 [J]. 经济研究, 2009, 44 (8): 4-17.

[49] 蔺元. 我国上市公司产融结合效果分析——基于参股非上市金融机构视角的实证研究 [J]. 南开管理评论, 2010, 13 (5): 153-160.

[50] 凌文. 大型企业集团的产融结合战略 [J]. 经济理论与经济管理, 2004 (2): 37-41.

［51］刘昌菊．中国产融结合效率研究［D］．北京：北京邮电大学，2018.

［52］刘婧，罗福凯，王京．环境不确定性与企业创新投入——政府补助与产融结合的调节作用［J］．经济管理，2019，41（8）：21-39.

［53］刘小玄，周晓艳．金融资源与实体经济之间配置关系的检验——兼论经济结构失衡的原因［J］．金融研究，2011（2）：57-70.

［54］刘星，计方，郝颖．大股东控制、集团内部资本市场运作与公司现金持有［J］．中国管理科学，2014，22（4）：124-133.

［55］刘元春．国有企业的"效率悖论"及其深层次的解释［J］．中国工业经济，2001（7）：31-39.

［56］卢建霖，蒋天颖．绿色金融、数字化与制造业升级［J］．哈尔滨商业大学学报（社会科学版），2022（4）：44-53.

［57］鲁道夫·希法亭．金融资本：资本主义最新发展的研究［M］．福民，等译．北京：商务印书馆，2009.

［58］陆松开，管总平，杨竹清．政府补贴对企业产融结合与研发创新关系的调节效应［J］．统计与决策，2020，36（1）：185-188.

［59］逯东，余渡，黄丹，杨仁眉．内部培养与外部空降：谁更能促进企业创新［J］．中国工业经济，2020（10）：157-174.

［60］马红，侯贵生，王元月．产融结合与我国企业投融资期限错配——基于上市公司经验数据的实证研究［J］．南

开管理评论，2018，21（3）：46－53.

[61] 马红，王元月. 金融环境、产融结合与我国企业成长 [J]. 财经科学，2017（1）：59－71.

[62] 马克思. 资本论（第二卷）[M]. 北京：人民出版社，1975.

[63] 毛剑峰. 企业产融结合案例研究 [J]. 财会通讯，2021（24）：96－98.

[64] 钱纳里. 工业化和经济增长的比较研究 [M]. 上海：上海三联书店，1989.

[65] 邵帅，张可，豆建民. 经济集聚的节能减排效应：理论与中国经验 [J]. 管理世界，2019，35（1）：36－60，226.

[66] 盛安琪，汪顺，盛明泉. 产融结合与实体企业竞争力——来自制造业样本的实证分析 [J]. 广东财经大学学报，2018，33（1）：15－26.

[67] 施放，王静波，蒋天颖. 企业社会网络关系嵌入对技术创新能力影响的实证研究——基于不同技术创新阶段的视角 [J]. 浙江社会科学，2014（1）：79－86，95，157.

[68] 史海瑶. 京津冀高新技术产业全要素生产率测度及影响因素研究 [D]. 秦皇岛：燕山大学，2019.

[69] 苏云成. 中央企业产融结合研究 [D]. 北京：财政部财政科学研究所，2012.

[70] 孙源. 我国企业集团产融结合的有效性研究 [D]. 成都：西南财经大学，2012.

[71] 谭小芳，郭蕾，胡媛媛. 国有上市公司产融结合的有效性研究 [J]. 宏观经济研究，2016（10）：133－142，175.

［72］谭小芳，王晗堃．高管金融背景、产融结合与国有企业价值［J］．科学决策，2019（7）：57-90.

［73］谭小芳，张伶俐．产融结合对制造企业研发投资具有双向调节作用吗［J］．科技进步与对策，2018，35（22）：63-70.

［74］谭小芳，张伶俐．产融结合类型、研发投资与创新产出［J］．科技进步与对策，2020，37（11）：99-108.

［75］唐建荣，石文．基于 SFA 的低碳企业产融结合效率研究［J］．工业技术经济，2015（9）：12-18.

［76］涂罡．山东上市公司内部资本市场对大股东占款影响的实证分析［J］．山东财政学院学报，2007（1）：35-40.

［77］万良勇，廖明情，胡璟．产融结合与企业融资约束——基于上市公司参股银行的实证研究［J］．南开管理评论，2015，18（2）：64-72，91.

［78］王爱东，李果．不同行业视角下产融结合效率的实证分析［J］．统计与决策，2017（9）：156-159.

［79］王超恩，张瑞君，谢露．产融结合、金融发展与企业创新——来自制造业上市公司持股金融机构的经验证据［J］．研究与发展管理，2016，28（5）：71-81.

［80］王继权．现代产融结合论［D］．成都：西南财经大学，2004.

［81］王克馨．中国产融结合发展模式与路径选择研究［D］．大连：东北财经大学，2015.

［82］王莉，马玲，郭立宏．产业资本与金融资本结合的相关理论综述［J］．经济学动态，2010（11）：88-91.

［83］王昱，夏君诺，刘思钰．产融结合与研发投资的非

线性关系及异质性影响 [J]. 财经科学，2019（6）：42-56.

[84] 王源. 雅戈尔公司金融化的动因及效果研究 [D]. 兰州：西北民族大学，2022.

[85] 王志明. 中国钢铁企业集团产融结合研究 [D]. 上海：东华大学，2014.

[86] 魏楠. 我国上市公司产融结合的绩效分析 [D]. 西安：西北大学，2016.

[87] 乌兰. 中国高新技术产业发展的金融支持研究 [D]. 北京：中央财经大学，2016.

[88] 吴利军，张英博. 我国产融结合现状及未来发展的有关思考 [J]. 经济社会体制比较，2012（5）：159-168.

[89] 吴越. 我国产融结合的有效性研究 [D]. 西安：西北大学，2010.

[90] 项国鹏，张旭. 基于 SFA 的企业产融结合效率及影响因素的实证研究 [J]. 科学学与科学技术管理，2013，34（9）：149-158.

[91] 谢杭生. 产融结合研究 [M]. 北京：中国金融出版社，2000.

[92] 邢天添. 深化产融结合 助力实体经济 [J]. 宏观经济管理，2017（7）：33-37.

[93] 邢天添. 中国产融结合：演进路径、宏观效应与产融政策 [J]. 中央财经大学学报，2016（12）：91-100.

[94] 熊家财，桂荷发. 产融结合能促进企业技术创新吗——来自上市公司参股非上市银行的证据 [J]. 当代财经，2019（3）：48-57.

[95] 徐辉，周孝华. 外部治理环境、产融结合与企业创

新能力［J］．科研管理，2020，41（1）：98－107．

［96］徐辉，周孝华．制度环境、产融结合对企业创新绩效的影响研究［J］．科学学研究，2020，38（1）：158－168．

［97］许天信，沈小波．产融结合的原因、方式及效应［J］．厦门大学学报（哲学社会科学版），2003（5）：107－112．

［98］杨红，杨柏．产融结合制约因素分析及对策研究——基于国有产业资本与国有金融资本融合的视角［J］．探索，2011（1）：106－110．

［99］杨姝琴，张沛康，侯杰宇．基于SFA的制造业产融结合效率及影响因素的实证研究［J］．探求，2016（2）：112－120．

［100］杨筝，李茫茫，刘放．产融结合与实体企业技术创新：促进还是抑制——基于金融机构持股实体企业的实证研究［J］．宏观经济研究，2019（10）：62－77．

［101］杨竹清．产融结合与全要素生产率关系［J］．金融经济学研究，2017，32（5）：62－72．

［102］姚德权，王帅．产融结合型上市公司运营效率评价研究［J］．财经问题研究，2011（5）：81－86．

［103］姚德权，王帅，罗长青，黄学军．产融结合型上市公司运营效率评价的实证研究［J］．中国软科学，2011（3）：140－148．

［104］叶似剑．产融结合的影响因素与经济后果研究［D］．北京：中央财经大学，2019．

［105］易兰广．基于Malmquist指数的中国企业集团产融结合效率评价［J］．云南财经大学学报，2016，32（4）：142－149．

[106] 余洁. 我国高新技术产业竞争力的影响因素研究 [D]. 马鞍山：安徽工业大学, 2015.

[107] 余鹏翼. 产融结合的制度变迁及制度安排 [J]. 经济学动态, 2002 (6)：31 – 34.

[108] 俞新武, 屠盈盈, 蒋天颖. 产学研合作与创新绩效关系的 META 分析 [J]. 科技管理研究, 2017, 37 (6)：98 – 105.

[109] 袁凯. 医药合同研究企业产融结合的模式及经济效果研究 [D]. 杭州：浙江工商大学, 2022.

[110] 臧玉荣. 国有资本产融结合研究 [D]. 北京：中共中央党校, 2015.

[111] 张龙天. 制度环境、产融结合与企业经营风险研究 [D]. 北京：对外经济贸易大学, 2017.

[112] 张鹏. 产融结合进程、研究动态与发展趋势——基于我国经济体制改革的逻辑 [J]. 财经论丛, 2017 (6)：11 – 19.

[113] 张庆亮, 孙景同. 我国产融结合有效性的企业绩效分析 [J]. 中国工业经济, 2007 (7)：96 – 102.

[114] 张胜达, 刘纯彬. 企业集团产融结合的风险传导机制与风险控制研究 [J]. 现代管理科学, 2016 (2)：66 – 68.

[115] 张同斌. 中国高新技术产业的发展及其影响因素研究 [D]. 大连：东北财经大学, 2012.

[116] 张旭. 基于 SFA 的企业产融结合效率及影响因素 [D]. 杭州：浙江工商大学, 2013.

[117] 张野. 我国高新技术产业发展制约因素及对策研

究［D］. 哈尔滨：哈尔滨工程大学，2007.

［118］赵博，毕克新. 基于专利的我国制造业低碳突破性创新动态演化规律分析［J］. 管理世界，2016（7）：182-183.

［119］赵立. 中国企业集团产业融合有效性研究［D］. 北京：北京邮电大学，2015.

［120］赵通. 金融资本和产业资本融合促进中国经济结构升级研究［D］. 西安：西北大学，2019.

［121］郑长娟，郝新蓉，程少锋，蒋天颖. 知识密集型服务业的空间关联性及其影响因素——以浙江省69个县市为例［J］. 经济地理，2017，37（3）：121-128，173.

［122］郑文平，苟文均. 中国产融结合机制研究［J］. 经济研究，2000（3）：47-51.

［123］支燕，吴河北. 动态竞争环境下的产融结合动因——基于竞争优势内生论的视角［J］. 会计研究，2011（11）：72-77，93.

［124］支燕，吴河北. 我国高技术产业产融结合的有效性研究［J］. 科学学与科学技术管理，2010，31（8）：117-121.

［125］周洪武. 强化信用风险管理，确保企业健康发展［J］. 管理现代化，2002（1）：42-44.

［126］周莉，韩霞. 产融结合资本配置效应的理论分析［J］. 中央财经大学学报，2010（2）：65-69.

［127］周莉. 我国产融结合模式选择的研究［J］. 北京工商大学学报（社会科学版），2006（6）：66-70.

［128］朱明. 基于产融结合的中央企业金融产业发展战

略研究［D］. 北京：对外经济贸易大学，2015.

［129］庄仲乔. 产融结合促进中国新兴产业成长的机制与路径研究［D］. 西安：西北大学，2019.

［130］庄仲乔. 产融结合对传统工业转型升级的影响研究——以2000—2017年纺织业A股上市公司为例［J］. 当代经济科学，2019，41（2）：122 - 128.

［131］Agarwal R，Elston J A. Bank-firm relationships，financing and firm performance in Germany［J］. Economics Letters，2001，72（2）：225 - 232.

［132］Akhigbe A，Whyte A M. SEO announcement returns and internal capital market efficiency［J］. Journal of Corporate Finance，2015，31：271 - 283.

［133］Allen F. Do financial institutions matter?［J］. The Journal of Finance，2001，56（4）：1165 - 1175.

［134］Andersen P，Petersen N C. A procedure for ranking efficient units in data envelopment analysis［J］. Management science，1993，39（10）：1261 - 1264.

［135］Armstrong C S，Core J E，Taylor D J，et al. When does information asymmetry affect the cost of capital?［J］. Journal of accounting research，2011，49（1）：1 - 40.

［136］Balcilar M，Kutan A M，Yaya M E. Financial integration in small Islands：The case of Cyprus［J］. International Review of Economics & Finance，2017，47：201 - 219.

［137］Beck T，Chen T，Lin C，et al. Financial innovation：The bright and the darksides［J］. Journal of Banking & Finance，2016，72：28 - 51.

[138] Biddle G C, Hilary G. Accounting quality and firm-level capital investment [J]. The accounting review, 2006, 81 (5): 963 – 982.

[139] Bryant C E, Javalgi R G. Global economic integration in developing countries: The role of corruption and human capital investment [J]. Journal of Business Ethics, 2016, 136 (3): 1 – 14.

[140] Campello M. Internal capital markets in financial conglomerates: Evidence from small bank responses to monetarypolicy [J]. The Journal of Finance, 2002, 57 (6): 2773 – 2805.

[141] Charnes A, Cooper W W, Rhodes E. Measuring the efficiency of decision making units [J]. European Journal of Operational Research, 1978, 2 (6): 429 – 444.

[142] Cooper W W, Thompson R G, Thrall R M. Introduction: Extensions and new developments in DEA [J]. Annals of Operations Research, 1996, 66 (1): 1 – 45.

[143] Belloc F. Corporate governance and innovation: A survey [J]. Journal of Economic Surveys, 2012, 26 (5): 835 – 864.

[144] Diamond D W. Financial intermediation and delegatedmonitoring [J]. The Review of Economic Studies, 1984, 51 (3): 393 – 414.

[145] Farrell M J. The measurement of productive efficiency [J]. Journal of the Royal Statistical Society: Series A (General), 1957, 120 (3): 253 – 281.

[146] Fisman R, Love I. Financial development and inter-

sectoral allocation: A newapproach [J]. The Journal of Finance, 2004, 59 (6): 2785 – 2807.

[147] Gilson S C. Transactions costs and capital structure choice: Evidence from financially distressed firms [J]. The Journal of Finance, 1997, 52 (1): 161 – 196.

[148] Goergen M, Renneboog L. Investment policy, internal financing and ownership concentration in the UK [J]. Journal of Corporate Finance, 2001, 7 (3): 257 – 284.

[149] Goto A. Business groups in a market economy [J]. European Economic Review, 1982, 19 (1): 53 – 70.

[150] Gârleanu N, Panageas S, Yu J. Financial entanglement: A theory of incomplete integration, leverage, crashes, andcontagion [J]. American Economic Review, 2015, 105 (7): 1979 – 2010.

[151] Holod D. Agency and internal capital market inefficiency: Evidence from banking organizations [J]. Financial Management, 2012, 41 (1): 35 – 53.

[152] Jackson H. The regulation of financial holding companies [J]. Harvard Law School John M. Olin Center for Law, Economics and Business Discussion Paper Series, 1997: 221.

[153] Jiang F, Jiang Z, Kim K A. Capital markets, financial institutions, and corporate finance inChina [J]. Journal of Corporate Finance, 2020 (63): 101309.

[154] Jin M, Zhao S, Kumbhakar S C. Financial constraints and firm productivity: Evidence from Chinese manufacturing [J]. European Journal of Operational Research, 2019, 275

(3): 1139 – 1156.

[155] Khanna T, Palepu K. Is group affiliation profitable in emerging markets? An analysis of diversified Indian business groups [J]. The Journal of Finance, 2000, 55 (2): 867 – 891.

[156] Krishnan K, Nandy D K, Puri M. Does financing spur small business productivity? Evidence from a naturalexperiment [J]. The Review of Financial Studies, 2015, 28 (6): 1768 – 1809.

[157] Lane P R, Milesi-Ferretti G M. The external wealth of nations revisited: International financial integration in the aftermath of the global financial crisis [J]. Imf E-conomic Review, 2018, 66 (1): 189 – 222.

[158] Li S X, Greenwood R. The effect of within-industry diversification on firm performance: Synergy creation, multi-market contact and market structuration [J]. Strategic Management Journal, 2004, 25 (12): 1131 – 1153.

[159] Lu Z, Zhu J, Zhang W. Bank discrimination, holding bank ownership, and economic consequences: Evidence from China [J]. Journal of Banking & Finance, 2012, 36 (2): 341 – 354.

[160] Mayer C. Financing the new economy: Financial institutions and corporate governance [J]. Information Economics and Policy, 2002, 14 (2): 311 – 326.

[161] Ongena S, Penas M F. Bondholders' wealth effects in domestic and cross-border bank mergers [J]. Journal of Financial

Stability, 2009, 5 (3): 256 – 271.

[162] Pantzalis C, Park J C, Sutton N. Corruption and valuation of multinational corporations [J]. Journal of Empirical Finance, 2008, 15 (3): 387 – 417.

[163] Putnam R D. The prosperous community: Social capital and public life [J]. The American Prospect, 1997 (13).

[164] Stein J C. Internal capital markets and the competition for corporate resources [J]. The Journal of Finance, 1997, 52 (1): 111 – 133.